ROBERT 1970

LA MUSIQUE

À LA

COMÉDIE-FRANÇAISE

AUTRES OUVRAGES DU MÊME AUTEUR :

Comédie-Française. — Notice historique sur les anciens bâtiments, n°s 14 de la rue de l'Ancienne-Comédie (rue des Fossés-Saint-Germain-des-Prés) et 17 et 19 de la rue Grégoire-de-Tours (des Mauvais-Garçons); in-8°.

La Fameuse Comedienne ou *Histoire de la Guerin, auparavant femme et veuve de Moliere.*—Réimpression conforme à l'édition de Francfort, 1688, suivie des variantes des autres éditions et accompagnée d'une préface et de notes; in-12.

L'Homme a bonnes fortunes (*Nouvelle Collection Jannet*), comédie de Michel Baron, avec préface et notes; in-12.

Comédie-Française. — Lettre a Mylord *** *sur Baron et la demoiselle Le Couvreur, par George Wink* (l'abbé d'Allainval). — Lettre du Souffleur de la Comédie de Rouen *au garçon de caffé* (par du Mas d'Aigueberre); avec préface et notes; in-12 ;

Le Théatre et le Peuple. *Esquisse d'une organisation théátrale*; in-12.

La Censure dramatique; in-12.

Histoire administrative de la Comédie-Française, tome 1er (1658-1757); in-12 ;

Les Auteurs dramatiques et la Comédie-Française aux xviie et xviiie siècles; d'après des documents inédits extraits des Archives du Théâtre-Français; in-16.

SOUS PRESSE :

Les Spectacles forains et la Comédie-Française. — Le droit des Pauvres avant et après 1789. — Les Auteurs dramatiques et la Comédie-Française (1799-1869): d'après des documents inédits extraits des Archives du Théâtre-Français; in-12.

La Confession générale d'Audinot. — Les Petits Théâtres en 1780; in-12.

Comédie-Française. — Registres du Régisseur et d'assemblées depuis 1663. (M. M. J. B. et Léon Guillard, archiviste du théâtre, se sont chargés de la réimpression et de l'annotation de ces précieux documents ; le tirage en sera fait à petit nombre.)

Paris. — Imprimerie Alcan-Lévy, rue de Lafayette, 61.

LA MUSIQUE

A LA

COMÉDIE-FRANÇAISE

PAR

JULES BONNASSIES

ANCIEN ATTACHÉ A LA DIRECTION DES BEAUX-ARTS

(Bureau des Théâtres.)

PARIS

CHEZ BAUR, LIBRAIRE-ÉDITEUR

11, RUE DES SAINTS-PÈRES, 11

M D CCC LXXIV

A Monsieur

ÉMILE PERRIN

Administrateur Général de la Comédie-Française,
ancien Directeur de l'Opéra et de l'Opéra-Comique

LA MUSIQUE

A LA COMÉDIE-FRANÇAISE[1]

ous croyons devoir dater la Comédie-Française non de 1680, mais de 1658, année où Molière vint s'installer définitivement à Paris.

Fondée lorsque l'Académie Royale de Musique ne l'était pas encore, la Comédie eut à son service des auteurs qui, comme Molière, écrivirent à son intention des pièces où la musique tenait une place souvent importante, et elle conserva presque toujours, sous l'ancien régime, le désir d'en représenter de semblables.

Nous ne remonterons pas jusqu'aux représentations des mystères, qui n'appartiennent pas au théâtre régulier, et sur la partie lyrique desquelles on a peu de détails. Les chanteurs et les joueurs d'instruments semblent s'y être tenus dans le *Paradis*, l'endroit le plus élevé de la scène, divisée horizontalement, comme on sait, en plusieurs compartiments; quelquefois aussi, le talent des bourgeois accidentellement comédiens y est utilisé. On ne possède guère plus de renseignements sur la période

---

[1] Ce travail a paru dans la *Chronique musicale*. En le rééditant à part, nous en avons modifié quelques passages.

suivante. C'est dans la *Comédie des Proverbes* de Montluc (1616), que nous trouvons le premier *témoin*, dans un théâtre, d'un orchestre composé de violons. Encore n'y devaient-ils pas être permanents, ni figurer dans toutes les pièces. Sans doute aussi le nombre en était fort restreint, si ce n'est dans les représentations de ballets à la Cour. La *Gazette de France* du 30 novembre 1634 nous montre, à celle de *Mélite*, donnée à l'Arsenal, vingt violons jouant dans les intermèdes. Perrault, dans le *Parallèle des anciens et des modernes,* dit que, en 1629, la symphonie, dans les théâtres, est d'une flûte et d'un tambour ou de deux méchants violons. Le roman de *Francion* (1633) fait voir les symphonistes en plus grand nombre, occupant, dans une représentation de ballet au Petit-Bourbon, la scène derrière les spectateurs.

Chappuzeau est le seul de qui nous tenions quelques détails précis touchant la place des violons au temps de Molière. « Cy-deuant, écrit-il en 1673, on les plaçoit ou derriere le theatre, ou sur les aisles, ou dans vn retranchement entre le theatre et le parterre, comme en vne forme de parquet; — cette dernière place est celle que leur assigne Israël Silvestre dans son estampe de la représentation de *la Princesse d'Elide* à Versailles, en 1664; — depuis peu on les met dans vne des loges du fond, d'où ils font plus de bruit que de tout autre lieu où on les pourroit placer. Il est bon qu'ils sçachent par cœur les deux derniers vers de l'acte, pour reprendre promptement la symphonie sans attendre que l'on leur crie, *Iouez,* ce qui arriue souuent. » Par cette loge du fond, Chappuzeau veut dire sans doute *du fond de la salle*. C'était une singulière place. Les violons n'en descendirent que pour les représentations de *l'Inconnu,* en 1675; ils occupèrent alors celle qu'ils ont conservée depuis, et que nous leur voyons marquée, dès 1688, sur les plans du nouveau théâtre construit rue des Fossés-Saint-Germain-des-Prés (voir l'*Architecture* de Blondel).

La première grande pièce accompagnée de musique que nous rencontrions dans l'histoire du théâtre français, est l'*Andromède* de Corneille, jouée en 1650, au Petit-Bourbon, par les Comédiens du Marais. Elle fut reprise plusieurs fois, sur le théâtre de la rue Vieille-du-Temple, et, à la Comédie, le 19 juillet 1682. La musique des chœurs était de Dassoucy; nous ne l'avons point retrouvée.

Arrivons au théâtre de Molière. C'est le seul que le Roi chargea de défrayer ses plaisirs dramatiques, et qui prit, même à la ville, la spécialité des pièces à musique et à divertissements, des comédies-ballets, l'Hôtel de Bourgogne se restreignant à peu près à la tragédie, et le Marais aux pièces « de machines. »

Presque toutes les comédies de Molière ont été représentées d'abord à la Cour, sous forme de comédies-ballets, c'est-à-dire insérées dans des divertissements, coupées par des intermèdes formant de vastes pièces, dont elles n'étaient qu'un acte. Nous ne nous appesantirons point sur cette version des œuvres de Poquelin, qui, de la sorte, avaient un caractère différent de celui qu'elles prenaient ensuite au théâtre du Palais-Royal : par le cadre que leur donnaient les fêtes de Versailles, de Saint-Germain, de Chambord, du Louvre, elles appartiennent à l'histoire du ballet de Cour, dont il a été si bien traité dans l'Encyclopédie, par nos confrères MM. Victor Fournel (*Contemporains de Molière*), Moland (*Edition de Molière*), Celler (*les Origines de l'Opéra et le ballet de la Royne* (Didier), et Paul Lacroix (*Recueil des ballets et mascarades*). M. Moland surtout a reproduit, avec les distributions, quelques livres des ballets des pièces de Molière d'après les éditions originales, qui sont presque toutes imprimées par Ballard.

Les Précieuses ridicules sont la première des comédies de Molière où il y ait de la musique. Cette partie y est peu développée. Les airs originaux ne nous sont pas parvenus. La chanson de *Mascarille* qui se chante maintenant est de M. Régnier.

A cette époque, et jusqu'en 1660, l'orchestre du Palais-Royal — et des autres scènes, à plus forte raison — est ordinairement composé de trois violons payés chacun 1 liv. 10 sols par jour; en 1662, ce nombre fut porté à quatre, qui coûtèrent 6 liv.

Pour l'intelligence de ce qui suit, faisons observer, d'après les registres de la troupe de Molière (1), que les frais sont *ordinaires* ou *journaliers* et *extraordinaires*. Les premiers sont en général fixés au commencement de l'année, d'après les dépenses qu'entraînent d'habitude les œuvres purement littéraires ; mais, lorsqu'on joue des pièces à spectacle qui motivent tous les jours des dépenses exceptionnelles, ils sont élevés

---

(1) Sur cette époque et sur la troupe de Molière, les Archives de la Comédie possèdent les registres de dépenses des années 1663, 1664 et 1672-73, dits registres de La Thorillière et d'Hubert, comédiens qui les tinrent; le registre de recettes et dépenses de La Grange (1659-1685), et les registres (recettes et dépenses) de la troupe de Guénégaud (ex-troupe du Palais-Royal), (1673-1680). Sur l'Hôtel de Bourgogne et le Marais, on sait qu'il n'existe plus de documents où nous puissions trouver des renseignements administratifs ou financiers.

en conséquence à chaque représentation. Ils se prélèvent quotidiennement, avant le partage que se font, chaque soir, les comédiens des bénéfices. Les frais *extraordinaires* sont les dépenses exceptionnelles une fois faites qu'occasionnent les pièces à spectacle ; on les prélève également — d'avance et après la première représentation — et encore avant le partage, sur la recette, jusqu'à ce que les mémoires des fournisseurs soient acquittés, de sorte que parfois les acteurs restent plusieurs jours sans rien toucher. On prélève aussi des frais extraordinaires pour éteindre graduellement les dettes, quand la troupe en a contracté, pour créer peu à peu un fonds de réserve, lorsqu'une grosse dépense est à prévoir. Tous les huit jours, on met à part le treizième du loyer.

Les Fâcheux sont représentés, en comédie-ballet, à Vaux, le 17 août 1661, puis à Fontainebleau. Lulli en avait fait la musique. Il passent, le 4 novembre, au Palais-Royal, en comédie-ballet probablement, — puisqu'ils y parurent de la sorte en 1663, — quoique avec beaucoup moins de mise en scène que chez Fouquet. A ce théâtre, les intermèdes furent donc conservés, mais avec moins de développement et de luxe, ainsi que les airs du Florentin, qui sont d'ailleurs inséparables de la comédie. On peut les voir dans la copie manuscrite de la partition du ballet que nous avons trouvée à la Bibliothèque du Conservatoire. A la reprise que fait, le 22 avril 1663, le Palais-Royal, le registre de 1663 porte, en outre des frais ordinaires :

Pour les danseurs (1)........................ 9 liv. »
Pour deux hautbois .... 6 — »
Pour du vin au record (2) des danseurs......... 1 — 10 s.
Aux violons d'extraordinaire (au nombre de
    deux évidemment)...................... 3 — »

Le 24, il est seulement porté, au même spectacle, 12 liv. « pour les violons et danseurs ; » le 27 et les jours suivants (*les Fâcheux* et *le Cocu*), « pour les danseurs, 9 liv. ; » de même à la reprise d'octobre. En juin 1664,

---

(1) Une fois pour toutes, il est entendu que, des frais, nous ne citons que ceux relatifs à la partie musicale.

(2) Nous n'avons trouvé, dans aucun des dictionnaires de l'époque, la signification de ce mot, qui vient sans doute du latin *recordari*, se souvenir. Le record était probablement le répétiteur, maître de danse ou musicien, l'un et l'autre sans doute, mais surtout musicien, à cause du vin. D'ailleurs, les comédiens eux-mêmes faisaient souvent une halte dans l'étude de leurs rôles pour prendre le « vin des repétitions. »

ces deux pièces sont de nouveau reprises ensemble : les « danceurs » y sont, chaque jour, payés 16 ou 20 liv. A la première de *la Bradamante ridicule*, le 12 janvier 1664, la troupe prend encore « un violon d'extraordinaire, 1 liv. 10 sols, » et des « trompettes, 3 liv. » Dans les *visites* (représentations chez le Roi ou chez de grands personnages), elle engage presque toujours des violons et des danseurs supplémentaires.

L'Impromptu ne fut, que nous sachions, joué à Versailles, le 24 octobre 1663, comme à la ville, le 4 novembre, qu'en comédie. Nous avons cependant trouvé, dans le recueil des ballets de Lulli, en six volumes manuscrits, que possède la Bibliothèque Nationale, la musique de « l'Impromptu de Versailles ou mascarade de 1665, » comprenant une « entrée pour exempts et gardes » et une « pour pages. » N'y a-t-il pas lieu de supposer que, soit en 1663, soit en 1665, cette comédie de Molière fit, comme la plupart des autres, partie d'un ballet ?

En janvier 1664, la troupe de Molière représente, au Louvre, *le Mariage forcé*, comédie-ballet dont Lulli avait musiqué les intermèdes. Puis, le 15 février, elle le joue au Palais-Royal « avec le ballet et les ornemens, » dit La Grange. Bien qu'elle ne songe pas à atteindre l'éclat de la représentation royale, elle fait de grandes dépenses. A cette occasion, elle porte le nombre de ses violons à douze. Voici, d'après La Grange, le détail des frais ordinaires de la pièce (indépendamment des frais ordinaires habituels, qui sont de 50 liv. 3 sols) :

Violons....................	36 liv.
Ritournelle (1) et clauessin.....	7 —
Danseurs...................	45 —
Musique (2)................	5 —
Hautbois retranchez (3).......	» —

Mais le registre de 1664 est plus explicite et diffère même de celui de La Grange. Voici ce qu'il donne pour les six premières représentations (nous laissons au lecteur le soin de discerner les diverses sortes de frais) :

---

(1) Sans doute un bon violon pour faire, dans les ritournelles, la mélodie, pendant que le joueur de clavecin accompagnait.
(2) Les chanteurs qui figuraient dans la pièce.
(3) On verra plus bas que les hautbois, portés pendant deux représentations, disparurent à la troisième.

Frais ordinaires (les six fois)....................	50 liv.	3 s.
Du vin pour les records (le 15 seulement) (1)........	»	»
9 danseurs (les six fois)...........................	45	»
12 violons (31 liv. 10 s. deux fois, 36 liv. quatre fois, puis 40 liv..)...............................	31 liv.	10 s.
2 hautbois (le 15 février : 16 liv., le 17 : 22 liv., seulement)..	16 liv.	»
Musique (les six fois)	5 —	»
Pour les 4 violons du (mot illisible) (les 15, 17 et 19 seulement).....................................	4 —	»
Pour la loge des danseurs (2) (le 22 seulement)......	9 —	»
A vn des violons, pour auoir repassé le balet (3) (le 22 seulement),.....................................	11 —	»
Vn joueur de clauessin (les six fois)...............	3 —	»
Ritournelles (à partir du 22).......................	4 —	»
Pour deux tambours de basques (le 22)	3 —	»

C'est probablement en 1668 que Molière réduisit la pièce en comédie en un acte.

La musique du *Mariage forcé* se trouve, à la Bibliothèque Nationale, dans le recueil manuscrit en six volumes des ballets de Lulli et dans le recueil de ballets en deux volumes (4). Il en existe également, à la Bibliothèque du Conservatoire, une copie faite, en 1690, par Philidor l'aîné. C'est de cette partition qu'a usé M. Celler pour sa publication (Hachette). Notre savant confrère fait observer qu'il y a retrouvé, sous la musique de Lulli, des textes de Molière, inédits, puisqu'ils n'avaient été reproduits ni par l'édition du livre du ballet, ni par les

---

(1) Il n'y a même rien de marqué dans la colonne des chiffres.
(2) Louée sans doute dans un bâtiment contigu au théâtre.
(3) Qui avait fait l'office de record (?).
(4) Le second de ces précieux volumes est intitulé au dos : VERON, MLXXXXI, et signé à la fin : *Fait à Paris, le dernier jour d'octobre* 1691, *Veçon*. L'écriture en est peu soignée, et tout y prouve qu'il devait être le répertoire usuel de quelque musicien de l'Opéra, peut-être du chef d'orchestre, puisqu'il comprend toutes les parties des morceaux. La plupart du temps les attaques des chœurs y sont indiquées par des figures à la clef très finement dessinées et coloriées, et qui sont comme les armes parlantes des personnages. Par exemple, un chœur de *Vieillards* y est précédé de têtes à longues barbes blanches, un chœur de *Pécheurs*, par des lignes tendues, un chœur d'*Alchimistes*, par des creusets, alambics, cornues, un chœur de *Passions*, par des figures diversement émues, etc., etc. Ces dessins devaient avoir pour but de faciliter la recherche des morceaux du recueil, et peut-être de les faire trouver au musicien, qui ne savait pas lire. Il y a malheureusement, dans le volume, des pages qui manquent.

éditions de la pièce. Eh bien, toutes les comédies-ballets de l'illustre Poquelin se trouvent dans le même cas, et l'on va voir que, en divers endroits, nous avons mis la main sur toutes les partitions manuscrites ou imprimées de ses pièces à divertissements. Peut-être y a-t-il donc à faire, sur presque toutes les pièces de Molière, des découvertes analogues à celles dont nous a fait part l'éditeur du *Mariage forcé*. Nous n'avions pas, au cours de notre travail, le temps de nous livrer à des collations de textes, mais nous appelons vivement sur ce point l'attention de M. Despois, qui prépare, en ce moment, une édition de Molière qui sera définitive. Il trouvera probablement, en consultant les sources que nous indiquons, des textes inédits ou tout au moins des variantes.

Aux fêtes de Versailles de 1664, la troupe de Molière va prendre part aux *Plaisirs de l'Isle enchantée*; elle figure dans les divertissements et joue, le 8 mai, *la Princesse d'Elide*, comédie-ballet, indépendamment des *Fâcheux*, du *Mariage* et de trois actes du *Tartuffe*. Puis elle joue quatre fois encore *la Princesse* à Fontainebleau et la donne enfin, le 4 novembre, au Palais-Royal. Lulli en avait fait la musique pour les fêtes; elle fut conservée dans ce qui resta des divertissements à la ville. Prenons, dans le registre de l'année, les frais relatifs aux trois premières représentations, en notant que les deux sortes en sont encore mêlées :

Frais ordinaires	52 liv. 15 s.
8 violons (24 liv. les deux premières, 29 liv. l'autre).	24 — »
12 danseurs.................................	60 — »
Pour la sinfonie...........................	8 — »
Pour les escarpins des danseurs (la première fois seulement)...	36 — »
Pour les escarpins des musiciens (la première fois seulement)	12 — »
Pour 4 peres de bas de soye des satires............	36 — »
3 hautbois (9 liv. la première fois, 10 liv. 10 s., et 10 liv. les deux autres)............................	9 — »
Pour le surplus des violons des ritournelles (4 liv. la première fois, 3 liv. la seconde, rien la troisième)..	4 — »
Pour la musique (la seconde fois : *Musique chanteurs*, la troisième : *chanteurs*)........................	25 — »
Pour les bas de soye des danseurs, à bon conte......	66 — »

Le 16 novembre, les violons et les ritournelles sont marqués ensemble 28 liv.

En janvier 1722, les comédiens reprirent cette pièce. Jean-Baptiste-Maurice Quinault (l'aîné), le comédien, refit, pour ces représentations, la musique des quatrième et cinquième intermèdes. Le 14 février suivant, l'Opéra et la Comédie se réunirent pour la jouer sur le théâtre des Machines. La Comédie la joua encore, chez elle, en mai 1726, et, en décembre 1756, elle en fit une autre reprise, pour laquelle un auteur anonyme versifia la partie que Molière avait laissée en prose.

La musique de Lulli se trouve dans le recueil de ses ballets en six volumes, et dans l'un des deux recueils manuscrits de ballets (Bibl. Nat.), dans le recueil manuscrit intitulé : *Théâtre-François, tome II* (Arch. Com. Fr.). Il y en a deux airs dans un volume très rare que nous avons trouvé à ces mêmes Archives et qui est intitulé : *Recueil complet de vaudevilles et airs choisis qui ont été chantés à la Comédie-Françoise depuis l'année 1659 jusqu'à l'année présente 1753, avec les dattes de toutes les années et le nom des auteurs. Prix : 9 liv. A Paris, aux adresses ordinaires*, 1753 (in-8°). Jadis, la Bibliothèque du Conservatoire possédait également, de la partition entière, deux copies manuscrites qui ont disparu, ainsi que beaucoup d'autres documents, sans que les diverses administrations des Beaux-Arts, qui connaissaient le voleur, aient eu la fermeté de contraindre ce haut personnage à les restituer.

A la date du 11 juillet 1664, nous voyons le registre de l'année marquer, pour la représentation de *La Thébaïde* et d' « Vne dance » — quelque menu ballet que la troupe donnait en guise de petite pièce, — « vn danceur 3 livres; » mais, nous ne nous expliquons guère pourquoi, le 18, au même spectacle, il n'y a pas de danseur marqué.

Le 15 septembre 1665, Molière donne *l'Amour médecin*, comédie-ballet, à Versailles, et, le 22, au Palais-Royal. La pièce est précédée d'un prologue, et le ballet en forme l'avant-dernière scène. Les deux divertissements furent conservés à la ville avec la musique de Lulli. La Bibliothèque du Conservatoire possède deux manuscrits de la partition, qui se trouve encore à la Bibliothèque Nationale, dans le recueil des ballets de Lulli en six volumes et dans l'un des deux recueils manuscrits de ballets.

Le Misanthrope fut donné le 4 juin 1666, au Palais-Royal. La partie musicale de cette comédie est bornée au couplet : *Si le Roy m'avoit donné...*, lequel ne se chante que depuis quelques années, sur un vieil air du commencement du dix-septième siècle.

Le Médecin malgré lui fut également représenté à la ville, le 6 août suivant. On ignore qui composa l'air sur lequel *Sganarelle* complimente sa bouteille; ce doit être Lulli. On le trouve dans un recueil de chansons notées publié peu de temps après la mort de Molière. C'est Magnin qui l'a communiqué à M. Régnier.

Le Ballet des Muses, dont le dessein est de Benserade, se joua, le 2 décembre 1666, à Saint-Germain, et défraya, pendant tout l'hiver, les plaisirs de la Cour. D'abord, les deux premiers actes de *Mélicerte* en firent partie. En janvier 1667, Molière y substitua *la Pastorale comique* ou *Coridon*. En février, il ajouta *le Sicilien* au ballet. Le ballet et les trois œuvres de Molière furent musiqués par Lulli. De *Mélicerte*, la Bibliothèque du Conservatoire et la Bibliothèque Nationale (Rec. des ballets de Lulli en six et en deux volumes), possèdent des partitions manuscrites. En 1699, le fils du comédien Guérin remania et compléta *Mélicerte*, et La Lande, ou, selon d'autres, Couperin, en refit la musique. Du *Sicilien*, le Recueil imprimé de 1753 (Arch. Com. Fr.), reproduit un air de Lulli, plus un autre ajouté, en 1695, par Charpentier. La sérénade seule en est chantée aujourd'hui; nos lecteurs y ont entendu M. Garraud, il y a quelques années.

Georges Dandin, comédie-ballet, fit partie des fêtes de Versailles de 1668; il y fut joué le 18 juillet. Molière ne le donna que le 9 novembre à la ville, et seulement en comédie. Le ballet avait été musiqué par Lulli; cette partition existe dans le recueil en six volumes de la Bibliothèque Nationale.

Pourceaugnac, comédie-ballet, fut joué le 6 octobre 1669, à Chambord—où Lulli, l'auteur de la musique, joua le rôle d'un médecin grotesque—et, le 15 novembre, au Palais-Royal. On ne sait précisément ce qui fut conservé de la partie du ballet aux représentations de la ville, mais les airs de la pièce le furent nécessairement. Les Archives de l'Opéra possèdent les fragments de la partition de Lulli qu'il utilisa, en 1675, dans son *Carnaval*, opéra composé de vers de différents auteurs, notamment de Molière et de Benserade, et dont, au surplus, la partition a été gravée. La partition de *Pourceaugnac*, imprimée en 1715, par Ballard, et une partition manuscrite existent à la Bibliothèque du Conservatoire. Le recueil des ballets de Lulli en six volumes et celui en deux de la Bibliothèque Nationale la contiennent également; le dernier l'intitule : « Poursoignac, 1670. » On la trouve encore dans le volume *Théâtre-François*, *tome II*, des Archives de la Comédie; il y a, de plus, à la fin de ce livre « l'entrée des sergens dans Pourseaugnac. »

Les Amants magnifiques, comédie-ballet, furent joués, le 4 février 1670, à Saint-Germain et ne le furent pas à la ville. Le 15 octobre 1688, il en fut donné quelques représentations à la Comédie. Ils y reparurent encore, sans beaucoup de succès, le 21 juin 1704, par les soins de Dancourt, qui y fit un prologue et des intermèdes nouveaux. Il y en a un magnifique manuscrit à la Bibliothèque Nationale et un air dans le Recueil imprimé de 1753 (Arch. Com. Fr.).

Le 13 octobre suivant, *le Bourgeois gentilhomme*, comédie-ballet, fut représenté à Chambord et, le 23 novembre, à Paris. A Chambord, Lulli, qui était toujours le collaborateur de Molière, joua *le Muphti*. En 1672, après la brouille survenue entre le poète et le musicien, Beauchamps fut chargé de refaire le ballet. En 1717, la Comédie se réunit à l'Académie de Musique pour donner, sur le théâtre de l'Opéra, plusieurs belles représentations du *Bourgeois*; on y prit le double. Les deux grands théâtres jouèrent de même cette pièce à l'Opéra, le 9 janvier 1852. La musique avait été refaite par M. Jules Cohen. On remarquait, parmi les interprètes, Samson, Provost, MM. Got, Delaunay, Maubant, Leroux, Mesdemoiselles Aug. Brohan, Denain; MM. Gueymard, Chapuis, Obin; dans les ballets, Saint-Léon, Mesdames Plunkett, Taglioni, etc. Tous les artistes de l'Opéra et de la Comédie, même les figurants, parurent dans la Cérémonie.

Des manuscrits de la partition de Lulli existent, un aux Archives de l'Opéra, deux à la Bibliothèque du Conservatoire (dont une copie faite par Philidor l'aîné), un dans le recueil en six volumes, un dans celui en deux de la Bibliothèque Nationale, un aux Archives de la Comédie, ainsi que quatre airs dans le Recueil imprimé de 1753. La musique du Florentin a été retouchée par Auber (Arch. Com.-Fr.), mais c'est à la partition primitive, — dans la Cérémonie, seule partie de la comédie-ballet exécutée maintenant — que le Théâtre-Français est revenu.

La Grange, à la date du 15 mars 1671, analyse une délibération de la troupe décidant de faire plusieurs réparations et innovations au théâtre du Palais-Royal. « ..... Plus, d'auoir doresnauant à touttes sortes de representations, tant simples que de machines, vn concert de douze violons, ce qui na esté exécuté quapres la representation de *Psyché* (1).» Et, plus loin, il ajoute : « Jusques icy les musiciens et musiciennes nauoient point uoulu parroistre en public. Ils chantoient a la Comedie dans des loges grillées et treillissées (2), mais on surmonta cet obstacle, et auec quelque legere despance, on trouua des personnes qui chanterent sur le theatre a visage descouuert habillez comme les comediens, scauoir :

Mlle de Rieux.	Mlle Turpin.
Mrs Forestier.	Grandpré.
Mosnier.	Mrs Ribon.
Champenois.	Poussin. »

Psyché, tragi-comédie-ballet de Molière et de Corneille, fut représentée, le 17 janvier 1671, aux Tuileries, dans la salle des Machines, et, avec un peu moins de pompe, quoique les frais ordinaires se soient élevés à 351 liv., au Palais-Royal, le 24 juillet. Lulli en fit encore la musique ainsi que les paroles italiennes ; on trouve cette partition dans le recueil en six volumes de la Bibliothèque Nationale. Le compositeur écrivit, en 1678, un opéra qui eut le même titre, et dans lequel il transporta plusieurs morceaux de la pièce de 1671. Les Archives de la Comédie possèdent une pièce qui témoigne que, le 12 décembre 1684, Charpentier reçut de La Grange quinze louis d'or (165 liv.) pour avoir refait une partie de la musique de *Psyché* et arrangé le reste. En juin 1703, la Comédie fit, à grands frais, une reprise de cette pièce avec les ballets. En 1862, M. Edouard Thierry la reprit encore avec éclat; cette fois, M. Jules Cohen en avait refait la partie musicale.

Voici, d'après La Grange, les frais ordinaires des représentations de la pièce en juillet 1671 :

12 danceurs, à 5 liv. 10 s.........	66 liv.
4 petits danceurs, à 3 liv......	12 liv.
3 voix à 11 liv................	33 —
4 voix à 5 liv. 10 s............	22 —
Symphonie, 4 escus............	12 —
12 violons...................	36 —
2 petites graces, à 5 liv. 10 s..	11 —
2 saulteurs..................	11 —
M. de Beauchamp............	11 —

(1) Après la représentation à la Cour, ainsi qu'on le verra plus loin, et lors des représentations à la ville.

(2) Cependant ils n'étaient pas toujours aussi rétifs, car, parmi les frais extraordinaires de *la Princesse d'Élide*, nous avons remarqué des escarpins que la Comédie, évidemment, ne leur paya pas pour chanter en loge grillée.

Et il ajoute :

Dans le cours de la piece, M. de Beauchamps a receu de recompanse, pour auoir faict les ballet et conduict la musique, onze cent liures non compris les 11 liures par jour que la troupe luy a données tant pour battre la mesure a la musique que pour entretenir les ballets.

A la reprise, le 11 novembre 1672, il dit :

Les frais extraordinaires se sont montez à cent louis d'or (1), pour remettre toutes choses en estat et remettre des musiciens, musiciennes et danceurs a la place de ceux qui auoit pris party ailleurs.

A cette reprise, les frais ordinaires, y compris la symphonie, s'élevèrent à 71 liv. 13 s., le 11 et le 13 ; les frais extraordinaires ne furent prélevés qu'à partir du 15, à raison, les premiers jours, de 302 liv. 12 s., puis de 287 et 288 liv. ; en janvier 1673, il revinrent à 302 liv. 13 s. et dépassèrent même cette somme : il est évident que les comédiens avaient encore été obligés de faire, pour la pièce, dont le succès continuait, d'autres dépenses que celles indiquées par La Grange.

La Comtesse d'Escarbagnas fut donnée le 2 décembre 1671, à St-Germain, pour la réception de la princesse Palatine. Cette comédie-ballet, que le monarque avait commandée à Molière, comprenait une pastorale et était précédée d'un prologue ; les actes en étaient coupés par des intermèdes empruntés aux ballets précédemment composés pour la Cour (*Amants magnifiques, Georges Dandin, Bourgeois Gentilhomme, Ballet des Muses*). Elle fut jouée, sous le nom de *Ballet des Ballets*, à la fin de 1671 et pendant le carnaval de 1672. La musique en avait été faite, comme à l'ordinaire, par Lulli ; elle se trouve, à la Bibliothèque Nationale, dans le recueil en six volumes.

Cette même année 1671, Lulli fondait l'Académie Royale de Musique. Cette entreprise avait de lourdes charges : le privilége en fut explicite et ne permit à nul autre théâtre de lui faire concurrence.

Un an après, l'habile Florentin, qui maintenant avait intérêt à restreindre le lyrisme autre part que chez lui, obtint du Roi, le 14 avril 1672, une ordonnance qui défendit aux différentes troupes de comédiens d'avoir plus de six voix et de douze violons. Encore cette latitude leur fut-elle laissée parce que Molière vivait encore, et que Louis XIV ne voulait ni ne pouvait décemment lui interdire de jouer ses pièces telles

---

(1) Le louis d'or valait 11 livres.

qu'il les avait écrites. Le 12 août suivant, l'ordonnance obtenue par Lulli pour empêcher tous comédiens représentant à Paris de louer la salle qui avait servi aux représentations des entrepreneurs qu'il avait évincés, confirma la première.

Dès lors, Molière, qui n'avait cessé d'augmenter la pompe de son spectacle et qui voyait ses projets entravés, se brouille avec son collaborateur. En juillet 1672, il reprend *le Mariage forcé*, qu'il substitue à la pastorale, dans les représentations de *la Comtesse d'Escarbagnas* à la ville; il le remonte brillamment, mais non avec la musique de Lulli. Charpentier est chargé d'en composer une autre; Dassoucy s'était offert, mais ne fut pas accepté. En outre, Beauchamps eut la mission de faire les ballets et Baraillon les habits. De Villiers, dit La Grange, « auoit employ dans la musique des intermedes. » Lors de cette reprise, les frais ordinaires, fixés à 58 liv. 12 s., sont accrus chaque jour de 111 liv. d'abord, puis de 116 liv. et de 119 liv., à cause d'une petite augmentation accordée à Forestier et à Le Roy, musiciens. Les frais extraordinaires sont motivés par Beauchamps et Charpentier, qui reçoivent, par représentation, un louis d'or, 11 liv.

Interrompons-nous un moment pour relever, sur le registre du Régisseur, quelques dépenses relatives à la musique pendant l'année 1672-73.

Nous voyons, à la reprise du *Bourgeois Gentilhomme*, le 24 mai 1672, des tambours portés 4 liv., des violons, danseurs et musique, 71 liv. 10 s., et, comme frais extraordinaires, 22 liv. à Beauchamps. A celle de *Pourceaugnac*, depuis le 7 juin, les frais ordinaires (violons et danseurs) sont de 59 liv. 15 s. En août, reprise du *Bourgeois* : outre les frais ordinaires (58 liv. 12 s.), ceux de la pièce s'élèvent à 84 et 81 liv., et Beauchamps reçoit encore 11 liv. Le 23, reprise de *l'Avare*, où l'on introduit probablement quelque musique, puisqu'il est marqué une « augmentation de symphonie 12 liv. » Le 28, pour *l'Ecole des Maris* et *le Cocu*, cette augmentation ne figure plus que pour 7 liv. 10 s. Elle varie encore lors de la reprise des *Fácheux*, où elle est parfois mêlée aux frais de chandelle; elle est en général de 12 liv. Aux frais ordinaires (58 liv. 15 s.) de ces représentations s'ajoutent quotidiennement, pour la « dance, symphonie et musique, » 97 liv. 10 s., et 11 liv. à Beauchamps, qui a refait le ballet.

Molière, à mesure que son théâtre prospérait, voulait, dans un but évident de vulgarisation, faire de ses grandes œuvres littéraires des comédies-opéras. On s'explique donc le désappointement que lui causa l'ordonnance de 1672. Mais le grand homme, dont on limitait les franchises lyriques, avait une ressource pour atteindre son but : il pouvait se rattraper sur les danses, puisqu'on ne les lui avait pas encore interdites, et sur le spectacle. Il le comprit bien, et écrivit *le Malade imaginaire*, pièce à intermèdes et accompagnée, comme *le Bourgeois*, d'une Cérémonie burlesque. Cette pièce, dont il ne devait pas voir la cinquième représentation, fut jouée le 10 février 1673 au Palais-Royal. La musique des divertissements et des airs était de Charpentier. Elle existe aux Archives de la Comédie, dans le volume *Théâtre-françois, tome II*. D'après les *Entretiens galans* (1681), La Grange et Mademoiselle Molière y nuançaient avec beaucoup de charme le duo du troisième acte (leçon de chant). A la reprise de 1716, Mademoiselle Connell réussit également dans cette scène. En 1860, M. Edouard Thierry fit exécuter *le Malade* avec les intermèdes et la musique de Charpentier.

Les frais de ladite piece du *Malade Imaginaire* — dit La Grange à Pâques 1673, en parlant des frais extraordinaires, — ont esté grands a cause du prologue et des intermedes, remplis de Danses, musique et vstencilles, et se sont montez a deux mil quatre cent liures. Les frais journaliers ont esté grands a cause de 12 violons à 3 liures; 12 danceurs à 5 liures 10 s.; 3 symphonistes à 3 liures ; 7 musiciens ou musiciennes dont il y en a 2 à 11 livres, les autres à 5 liures 10 s. Récompanses à M. de Beauchamps, pour les ballet, à M. Charpentier pour la musique, vne part à M. Baraillon pour les habits. Ainsy lesdits frais se sont montez par jour à 250 liv. (1).

Mais, aussitôt après la mort de Poquelin, Lulli, qui n'avait plus de rival, comme amuseur théâtral, auprès du Roi, s'empresse de faire réduire les ressources lyriques des théâtres littéraires. Lorsque les œuvres de Molière sont encore des actualités et que ces restrictions doivent les déparer, tout au moins aux yeux des contemporains, il provoque, le 30 avril, une nouvelle ordonnance limitant à deux le nombre des voix que pourront employer les comédiens, et celui des violons à six. Le registre de la troupe de Guénégaud de 1673-74 et Chappuzeau, qui écrit la même année, constatent l'exécution de cet ordre dans les deux théâtres. A l'Hôtel de Bourgogne, nous avons une autre preuve du fait. En juillet 1674, Hauteroche y donne son *Crispin musicien* (2) où paraissent six violons, sans plus, à la fin des actes, pour les intermèdes.

(1) Le registre du régisseur mêle les deux sortes de frais qui s'élèvent, le 10 février 1673, à 373 liv. 4 s.; le 12 et le 14, à 268 liv. 5 s.; le 15, à 269 liv. 5 s.; le 3 mars, à 268 liv. 5 s.; le 5, le 7 et le 10, à 269 liv. 5 s.; le 12, à 271 liv. 15 s.; puis à 269 liv. 5 s.

(2) Un air de divertissement de cette pièce, qui fut reprise en 1735 avec un grand succès, existe dans le Recueil imprimé de 1753 (Arch. Com.-Fr.); le compositeur n'en est pas nommé.

A LA COMÉDIE-FRANÇAISE

Les représentations du *Malade*, qu'interrompit la mort de l'auteur, ne furent reprises que le 4 mai 1674 (1). A cette date, La Grange porte :

Musique.	17 liv.
Violons.	16 —
Assistans.	20 —
Saulteurs.	11 —

Mais le registre du Régisseur est moins laconique :

Musique.	Mlle Babet.	5 liv.	10 s.
	M. Bourdelou.	5 —	10 s.
	M. Carles.	3 —	
	M. Delaporte.	3 —	
	Total.	17 liv.	

Symphonie.	Du Vivier, ritournelles.	2 liv.	5 sols.
	Marchand, ritournelles.	2 —	5 —
	Conuerset, ritournelles.	2 —	5 —
	Du Fresne, extraordinaire.	3 —	
	Courselles.	3 —	
	Du Mont, ritournelles.	1 —	10 sols.
Assistans la Montagne et p^r la conduite (2).		3 liv.	
Niuellon.		2 —	5 sols.
Sauteurs.		11 —	

Parmi les assistants, qui sont au nombre de douze et coûtent 19 liv. 15 sols, on remarque « François, porteur des violons, 1 liv. »

Le 4 mai, jour de la reprise, il est marqué « pour parts d'auteur, tailleur et musiciens, 134 liv. 1 s., indépendamment des frais ordinaires et extraordinaires. Les jours suivants, les frais ordinaires de la pièce se montent à 67 liv. 1 s. et à 90 liv. 16 s. (outre les frais ordinaires habituels), et les frais extraordinaires, à 87 liv. 7 s., 91 liv., 91 liv. 6 s.

Les anciens camarades de Molière, fidèles à sa mémoire, suivirent, en toute chose, la voie qu'il leur avait indiquée. L'ordonnance du 30 avril leur laissait encore les ballets, dont les pièces *de machines* étaient le pré-

---

(1) Il y en eut également une représentation à Versailles, le 19 juillet.
(2) Dans une autre liste, La Montagne et Nivellon sont mentionnés parmi les symphonistes.

texte naturel et qui leur prêtaient un charme spécial. Le 17 mars 1675, ils représentent *Circé* de Thomas Corneille et de Visé, avec intermèdes de Charpentier. Ils avaient fait de si fortes dépenses pour cette pièce, dont les frais extraordinaires devaient s'élever à 10,842 liv. 17 sols, que plusieurs comédiens, dans l'assemblée tenue pour la monter, avaient refusé leur consentement avec une apparence de raison. Prenons, chez La Grange, les frais ordinaires, qui furent de 331 liv. 5 s. par jour (1).

Frais ordinaires (habituels)...............	51 liv.	16 sols.
Symphonie............................	24 —	» —
Danseurs.............................	31 —	10 —
Dix petits assistans à 15 sols.............	7 —	10 —
Voix et chaises.......................	17 —	» —
Six grans assistans, deux à 30 sols........	7 —	» —
Quatre moyens assistans à 15 sols........	3 —	» —
Saulteurs, prix faict....................	40 —	» —
Augmenté au sieur Charpentier...........	5 —	10 —
Au sieur Poussin......................	5 —	10 —

Le registre du Régisseur présente, en détaillant quelques-uns de ces articles, des variantes :

	Conuerset................	3 liv.	15 sols.
	Marchand................	3 —	15 —
	Du Viuier................	3 —	15 —
Symphonie.	Du Mont.................	3 —	15 —
	Du Fresne................	3 —	» —
	Courcelles................	3 —	» —
	Clauessin................	3 —	» —
		24 liv.	» sols.

Marcheurs.	La Montagne.............	4 liv.	10 sols.
	Et 9 autres à 3 liv........	27 —	» —
		31 liv.	10 sols.

(1) Le registre du Régisseur donne, pour ces frais, les chiffres suivants : le 17 et le 19, non payés; le 22, 318 liv. 11 s.; le 24, 318 liv. 16 s.; le 26, 318 liv. 1 s.; le 29, 326 liv. (il est ajouté : 5 liv. 10 s. à Charpentier et 2 liv. 10 s. pour les petits Amours); le 2 avril, 331 liv; le 5, 331 liv. 10 s., etc.

10 petits voleurs (1) à 10 sols..............	5 liv.	» sols.
(augmentés ensuite chacun de 5 sols).		
Amour et chaise...........................	4 —	10 —
Voix et chaises............................	12 —	» —
6 grands voleurs, dont 2 à 1 liv. 10 sols.....	7 —	» —
4 moyens voleurs à 15 sols................	3 —	» —
Sauteurs	40 —	» —
Augmentation à M. Charpentier............	5 —	10 —

Les frais extraordinaires sont :

Bas de soye, escarpins, rubans, pour 10 danseurs, à 11 liv. pour chacun............	110 liv.	» so
A M. Poussin, musicien, pour sa chaussure et petite oye, un louis d'or..............	11 —	» —
Chaussure des saulteurs, statues et une paire de bas de soye pr ledit M. Poussin, 8 escus.	24 —	» —
A Baraillon, pour 12 calçons à 30 sols la piece pour les danseurs ou marcheurs....	16 —	10 —
A M. Gaye, musicien, pour récompance, 3 louis.......................................	33 —	» —
A Charpentier, compositeur de la musique, 20 louis d'or sur et tant moins de sa récompance..	220 —	» —
Escarpins et bas des saulteurs..............	46 —	5 —

Les Comédiens enfreignaient ainsi l'ordonnance du 30 avril 1673, car les six violons et le clavecin, portés pour 24 livres, étaient employés indépendamment des six violons de l'orchestre, payés chacun 1 liv. 10 s. et compris dans les frais ordinaires habituels (68 liv.). Aussi, le 21 mars 1675, le directeur de l'Opéra fait-il rendre une nouvelle ordonnance qui leur rappelle le nombre total de violons dont il leur est permis d'user, et leur interdit les musiciens à gages, c'est-à-dire stipulant que ce n'est pas plus de deux voix de Comédiens qu'ils peuvent se permettre. En effet, ils prenaient l'habitude d'employer, quoiqu'en moins grand nombre, d'aussi bons chanteurs qu'à l'Opéra ; puis, équivoquant sur les termes de l'ordonnance de 1673 et feignant de ne la croire applicable qu'aux artistes du dehors, ils utilisaient le talent de ceux d'entre eux

---

(1) Ces voleurs étaient des personnages de la pièce qui volaient dans l'air, suspendus à des cordes.

qui savaient chanter, de façon à avoir six ou huit voix, tandis qu'on leur en tolérait deux seulement. Voyant, en outre, que, même avec des restrictions purement musicales, ils arrivaient, au moyen des ballets joints aux machines et décors, à rivaliser de pompe théâtrale avec son Académie, Lulli obtint que l'ordonnance leur défendît les danseurs. Cet acte, signifié, pendant les représentations de *Circé*, aux Comédiens, abrégea le succès de la pièce.

La Bibliothèque Nationale possède les *Airs de la Comédie de Circé avec la basse continue, Ballard, 1716*, partition imprimée. Le 6 août 1705, la Comédie fit une reprise, sans machines, de *Circé*, pour laquelle Dancourt écrivit un nouveau prologue et d'autres divertissements, dont Gilliers fit la musique.

Malgré leur dernier échec, les Comédiens de Guénégaud représentent, le 17 novembre suivant, *l'Inconnu*, des mêmes auteurs, Th. Corneille, de Visé et Charpentier. Ils font, à la vérité, moins de dépenses pour cette pièce que pour la précédente, bien qu'elle en impliquât davantage : les frais extraordinaires ne se montent qu'à 2,500 liv. ; les frais ordinaires, qui s'élèvent, le 17 et le 19, à 208 liv. 17 s. et à 220 liv., se modèrent, à partir du 22, à 175 liv. Mais nous rencontrons encore, dans le registre du régisseur, ainsi qu'on va le voir, des voix externes et des danseurs. Peut-être les Comédiens équivoquèrent-ils de nouveau sur les voix *d'entre eux*. Quoi qu'il en soit, aucun écho ne nous est parvenu de réclamations du Florentin contre la représentation de *l'Inconnu*. D'ailleurs, cette infraction ne se renouvela plus de longtemps ; nous la signalerons quand elle se produira. Voici les frais extraordinaires :

Chaussures des marcheurs et petite oye à 11 liv. chacun.....................	88 liv.	» sols.
Pour racommoder le clauessin.............	3 —	» —
A François, garçon des violons, pour port d'instrumens.........................	» —	40 —
Diverses sommes relatives sans doute à des musiciens, entre autres :		
A mademoiselle Bastonnet, musicienne, pour ses coiffures, garnitures et chaizes de repetition................................	36 —	» —
Au sieur de la Montagne, pour auoir dressé les pantomimes.......................	75 —	» —

Voilà maintenant les frais journaliers :

Violons	Conuerset	3 liv.	15 sols.
	Marchant	3 —	15 —
	petit chœur.		
	Du Viuier	3 —	15 —
	Du Mont	3 —	15 —
	Du Fresne	3 —	» —
	Courcelles	3 —	» —
Clauessin : La Porte		3 —	» —
Theorbe : Carle André		3 —	» —
		27 liv.	» sols.

Danseurs ou marcheurs, au nombre de huit, à 3 liv.	24 liv.	» sols.
4 petits amours dansans ou assistans, à 1 liv. 10 sols.	6 —	» —
A La Montagne, compositeur des pas	1 —	10 —
Voix { M. Poussin	7 —	» —
{ Mademoiselle Bastonnet	7 —	» —
M. Charpentier, compositeur de musique	11 —	» —

La Grange dit, en outre, qu' « on tira vne part pour Baraillon pour les habits du ballet. »

La pièce eut trente-trois représentations consécutives, au double. On sait que *l'Inconnu* contient une représentation de comédie. C'est une fête galante : Psyché enlevée par l'Amour dans un palais magnifique. Lors de la reprise de 1678, le troisième acte du *Triomphe des Dames*, qui est une pastorale, fut substitué à cette saynète. *L'Inconnu* fut encore remis en 1679 ; Charpentier y ajouta, dans le divertissement, une chanson de paysanne qui eut une grande vogue. En août 1703, autre reprise, pour laquelle Dancourt fit un prologue et des divertissements nouveaux que Gilliers musiqua. Le Recueil imprimé de 1753 (Arch. Com.-Fr.) contient deux airs de ce compositeur et deux de Charpentier. Reprise encore en février 1704, aux Tuileries, avec un ballet pour intermède ; le Roi et toute la Cour y dansèrent. Nouvelles reprises, à la Cour, en 1728, et à la Comédie en 1746 ; la dernière provoqua les réclamations du directeur de l'Académie de Musique. Cette pièce est la plus théâtrale et la plus luxueuse du répertoire de la Comédie-Française. C'est celle qui a été représentée toutes les fois que le théâtre a voulu donner un échantillon de sa splendeur. Elle le fut à l'arrivée en France de la jeune dauphine Marie-Antoinette ; Molé joua le *Prince*.

Les Comédiens ne pouvaient se consoler du départ des voix et des danseurs. La Grange nous les montre tâchant, le 7 juillet 1676, de profiter d'un moment où ils espèrent que le Roi, revenant d'une guerre heureuse, octroyera les chartes les plus libérales, pour demander « vne permission pour la musique et la danse ». Ils ne réussirent pas, et, le 7 août, *le Triomphe des Dames* ne nécessita que :

6 violons, 4 à vn escu................	16 liv.	10 sols.
10 marcheurs à vn escu...............	30 —	» —
28 marcheurs ou assistans pour la fin......	21 —	» —
Trompettes et timballes..............	10 —	» —

En cette matière, comme en toute question théâtrale, la multiplicité des actes légaux est un indice implicite de leur incessante violation. L'ordonnance de 1675 est renouvelée le 27 juillet 1682 et signifiée, le 30, aux Comédiens, qui avaient sans doute provoqué ce rappel par quelque indocilité dans des représentations d'*Andromède*, de *Crispin musicien* ou du *Bourgeois Gentilhomme*, qui avaient eu lieu les jours précédents. Elle est encore renouvelée le 17 août 1684 ; le 4 septembre suivant, une sentence de police et, le 2 décembre 1715, des lettres-patentes en sanctionnent de rechef les dispositions. Ainsi firent, depuis lors, tous les actes qui conférèrent à nouveau le privilège de l'Académie Royale de Musique.

En 1690, la Comédie avait joué *le Ballet extravagant* de Palaprat, mais cette pièce burlesque ne pouvait éveiller les susceptibilités de l'Opéra.

Esther et *Athalie* ne furent pas destinées à la scène française, du moins dans l'origine. Ces deux tragédies sacrées avaient été représentées, devant le Roi, par les demoiselles de Saint-Cyr, avec la musique de Moreau, la première pendant le carnaval de 1689, la seconde en 1691, puis à Versailles, en 1702, avec distribution princière. Les Comédiens ne donnèrent la première représentation d'*Athalie* que le 3 mars 1716, et d'*Esther*, réduite en trois actes, que le 8 mai 1721, en supprimant, de l'une et l'autre, le chant et la plus grande partie des chœurs. L'Album du *Racine* (édit. Hachette) vient de reproduire les éditions originales des partitions d'*Esther* (1689) et d'*Athalie* (sans date) d'après les exemplaires de la bibliothèque du Conservatoire. Cette bibliothèque possède, en outre, une édition de 1696 d'*Esther,* conforme d'ailleurs à l'édition *princeps*, et une copie de cette édition faite par Philidor l'aîné. La musique d'*Esther* avait été refaite, en 1697, par Servais de Konink et publiée à Amsterdam, mais elle ne fut pas exécutée à la Comédie-Française. Plantade la refit également pour la représentation de retraite de madame Vestris, qui fut donnée à l'Opéra en 1803. En dernier lieu, M. Jules Cohen a écrit une nouvelle partition pour les représentations données, en juillet 1864, à la Comédie.

La musique d'*Athalie* fut refaite : en 1756, par Clerambault, pour une représentation donnée par les demoiselles de Saint-Cyr; en 1768, par Gossec (1); en 1821, par Perne, pour une représentation au Conservatoire; plus tard, par Mendelssohn. En 1838, les chœurs, composés par Boieldieu lors de son séjour en Russie, de 1803 à 1811, et qui avaient eu pour premiers interprètes les cent chanteurs de la chapelle du czar, furent entendus, à la Comédie, au *bénéfice* de madame Paradol, et les jours suivants. Ils le furent de nouveau, en 1847, lors de la reprise de la pièce par Rachel, d'abord à Versailles, chez Louis-Philippe (Auber y conduisit l'orchestre), puis à la Comédie-Française, sans les chœurs. La musique d'*Athalie* fut enfin refaite par M. Jules Cohen, en 1859, pour les représentations données au Théâtre-Français (2). Les Archives de ce théâtre possèdent cette partition et celle de Gossec. Actuellement, on supprime les chœurs, et c'est la musique de ce dernier qu'on fait entendre pendant l'invocation.

Quelques années avant la fin du dix-huitième siècle, la Comédie, qui maintenait avec tant d'énergie l'intégrité de son privilége contre les empiétements des forains, prit le parti de se mettre légalement, vis-à-vis de l'Opéra, dans la situation que les bateleurs prenaient à son égard ; elle joua plus fréquemment, sans enfreindre les ordonnances, des pièces accompagnées de chant. Bientôt, quand les forains absorbèrent une partie de son public, et que l'Opéra-Comique par-

---

(1) D'abord exécutée à Fontainebleau, puis à Versailles, avec des solos d'Haydn, elle ne fut donnée à Paris qu'en 1791, la première fois sur la scène italienne, la seconde, avec les artistes de ce théâtre, sur le Théâtre de la Nation. En 1819, il y eut encore, à l'Opéra, quatre représentations d'*Athalie* avec les chœurs de Gossec ; d'ordinaire, on les supprimait et c'était la musique de Baudron qui était exécutée pendant l'invocation seulement.

(2) Le 20 mars 1858, les artistes de l'Opéra chantèrent, à la salle Sainte-Cécile, de nouveaux chœurs d'*Athalie* composés par M. Félix Clément.

vint à éluder les prohibitions réglementaires en traitant avec l'Opéra, la plupart des comédies qu'elle joua furent entremêlées de vaudevilles et devinrent à peu près des opéras comiques. Pour éviter de payer une rétribution à l'Opéra, elle ne prit point de chanteurs ni de danseurs externes, et — sauf quelques infractions qui seront indiquées — se garda de dépasser le nombre de violons qui lui était accordé ; mais elle engagea de préférence des comédiens qui savaient chanter et danser, comme on le verra dans une liste que nous donnerons plus bas (1).

Elle exploita ce genre jusqu'à ce que l'Opéra-Comique devînt considérable et se fondît avec la Comédie-Italienne, époque où la Comédie-Française ne put soutenir la concurrence, et où, d'ailleurs, un autre courant d'idées littéraires emporta vers le drame les auteurs qui travaillaient pour elle. Nous aurions pu relever toutes les pièces à vaudevilles et à divertissements que joua la Comédie pendant cette période de soixante années ; mais, outre que chacun est à même d'établir cette liste d'après des ouvrages spéciaux, nous avons cru préférable de ne signaler que les pièces dont la musique fut conservée dans les recueils du théâtre, où nous l'avons trouvée. Ce choix, qui a été celui des contemporains, aura donc l'avantage d'indiquer les œuvres les plus importantes, celles qui eurent le plus de succès, qu'on reprenait le plus souvent, qui restaient, en un mot, au répertoire. Les sources dont nous parlons sont : 1° un volume imprimé, — et par là même c'est celui qui a le plus d'autorité, — dont nous avons déjà reproduit le titre exact et que nous avons appelé ensuite abréviativement *Recueil de* 1753 ; la Comédie en possède le seul exemplaire qui nous soit connu. Pour éviter les répétitions, nous indiquerons ce document, lorsque nous aurons à le citer, par la lettre A, suivie du nombre d'airs qu'il contient ; 2° le volume manuscrit des Archives de la Comédie, intitulé : *Théâtre-François, tome II*. Il renferme souvent les mêmes airs que le Recueil de 1753, et, pour beaucoup de pièces, il en donne un plus grand nombre. Il sera représenté par la lettre B. Les autres sources exigent une mention spéciale ; c'est la Bibliothèque Nationale qui les possède toutes.

L'Été des coquettes, par Dancourt. Compositeur : Hurel, 1690. A 1, B.
L'Opéra de village, Dancourt. Grandval, 1692. A 2, B. La musique en avait d'abord été faite par Raisin l'aîné

(1) A partir de 1766, tous les règlements faits pour la Comédie continrent, pour les comédiens ou comédiennes qui avaient de la voix ou « d'autres talens propres à faire valoir les pièces d'agrément », l'obligation formelle de les employer lorsqu'ils en seraient requis.

Je vous prens sans verd, La Fontaine. Raisin l'aîné, 1693. A2, B. *Rec. d'Airs des Com. modern.* — Grandval en refit les divertissements.

La Sérénade, Regnard. Gilliers, 1693. A1 (La musique est aussi de Regnard ; Gilliers ne fit que la retoucher). *Troisième Rec. d'airs des Com. mod., 1706, Ballard.*

Sancho-Pança, Dufrény, 1694. A1. La musique des pièces de Dufrény est également de lui. On la trouve dans l'édition de son théâtre.

Les Vendanges, Dancourt. Grandval, 1694. A1.

Attendez-moi sous l'orme, Dufrény. Dufrény, 1695. A2, B. *Rec. d'Airs des Com. mod.*

Les Eaux de Bourbon, Dancourt. Gilliers, 1694. B.

La Foire de Bezons, Dancourt. Gilliers, 1695. A1.

Les Vendanges de Suresnes, Dancourt. Gilliers, 1695. A1.

Le Moulin de Javelle, Dancourt. Gilliers, 1696. A1, B.

Les Vacances, Dancourt. Gilliers, 1696. A1, B.

Le Charivary, Dancourt. Gilliers, 1697. A1, B.

Le Retour des officiers, Dancourt. Gilliers, 1697. A1.

Les Curieux de Compiègne, Dancourt. Gilliers, 1698. A1. *Airs* imprimés par Ballard (exempl. broché à la Bibl. Nat.).

Le Mary retrouvé, Dancourt. Campra, 1698. A1, B.

La Noce interrompue, Dufrény. Dufrény, 1699. B.

La Fête de village, Dancourt. Gilliers, 1700. A1. Reprise, en 1724, sous le titre de : *les Bourgeoises de qualité.*

Les Trois Cousines, Dancourt. Gilliers, 1700. A2, B. Touvenelle, compositeur et violon de la Comédie, y joua, sur le théâtre, un rôle de musicien. Reprise, en 1724, avec un nouveau prologue.

Les Trois Gascons, Lamotte et Boindin. Grandval, 1701. A1.

Colin-Maillard, Chappuzeau ; refait par Dancourt. Gilliers, A1.

Le Double Veuvage, Dufrény. Dufrény, 1702. A1.

Le Bal d'Auteuil, Boindin. Grandval, 1702. A1. *Recueil d'Airs sérieux et à boire*, Ballard (*Exempl. broché à la Bibl. Nat.*). C'est cette comédie qui servit de prétexte à la funeste institution de la censure.

L'Opérateur Barry, Dancourt. Gilliers, 1702. A1.

Le Galant Jardinier, Dancourt. Gilliers, 1704. A1, B.

Le Port de mer, Boindin et Lamotte. Grandval, 1704. A1. Cette pièce contient une fête marine. Le duc de Mantoue, se trouvant à Paris, y fit danser un de ses sauteurs, qui était d'une agilité extraordinaire.

Le Diable boiteux, Dancourt. Grandval, 1707. A1.

L'Amour Diable, Legrand. Gilliers, 1708. A1, B.

La Foire Saint-Laurent, Legrand. Grandval, 1709. A2.

La Famille extravagante, Legrand. Gilliers, 1709. A3.
L'Amour charlatan, Dancourt. Gilliers, 1710, A1, B.
L'Usurier gentilhomme, Legrand. Grandval, 1713. A1.
Les Fêtes du Cours, Dancourt. Gilliers, 1714. A1. *Airs* gravés.
Les Captifs, Roy. Quinault l'aîné, 1714. B. *Divertissement* gravé.
Le Vert-Galant, Dancourt. Gilliers, 1714, B.
Le Triple Mariage, 1716. Destouches. Gilliers, selon Léris ; Quinault, d'après B.
Le Prix de l'arquebuze, Dancourt. Grandval, 1717. A1.
La Métempsicose ou *les Dieux comédiens*, Dancourt. Mouret, 1717. B.
Le Roi de Cocagne, Legrand. Quinault, 1718. A4, B.
Momus fabuliste, Fuzelier. Quinault, 1719, A1.
Cartouche, Legrand. Quinault, 1721. A1. Lemazurier attribue le poème à Grandval le père.
Le Galant Coureur, Legrand. Quinault, 1722. A1.
Le Nouveau Monde, abbé Pellegrin. Quinault, 1722. A3. Le ballet était d'Antoine-François Botot-Dangeville, le danseur de l'Opéra, dont le fils, Etienne, y fit *l'Amour*, et la fille, la célèbre Mademoiselle Dangeville, y dansa et chanta. Repris en 1746.
Le Curieux de Reims...?... Grandval, 1725. A1.
Le Triomphe du Temps, Legrand. Quinault, 1725. A1. Partition gravée, Paris, Flahault.
La Françoise italienne, Legrand. Quinault, 1725. A1. Le ballet était de Dangeville.
L'Impromptu de la Folie, Legrand. Quinault, 1725. A1. Fait corps avec la précédente.
Les Chevaliers...?... Grandval, 1726. A1. C'est probablement *le Chevalier errant*, parodie de l'*Œdipe* de La Motte, joué, en 1726, à la Comédie-Italienne.
Les Nouveaux Débarqués...?... Quinault, 1726. A1.
La Nouveauté, Legrand. Quinault, 1727. A1. Le compositeur, comédien, y chantait surtout, avec mademoiselle Legrand, un duo qui fit le succès de la pièce.
La Tragédie en prose, Du Castre d'Aurigny. Grandval, 1730. A1.
Le Divorce, Avisse. Grandval, 1730. A1.
Le Mari curieux, d'Allainval. Grandval, 1731. A1, B.
Le Complaisant, Delaunay ou Pont-de-Vesle. Quinault, 1732. B. Remis en 1734 ; Quinault, retiré, y reparut. Repris en 1754.
Les Mécontens, La Bruère. Mouret, 1734. A1.

La Grondeuse, Fagan. Mouret, 1734. B.
Les Acteurs déplacez, L'Affichard. Grandval, 1735. A1. Accompagnés d'un ballet grotesque.
Le Mariage par lettre de change, Philippe Poisson. Grandval, 1735. A1. Divertissement gravé, Paris, Le Breton.
L'Heure du berger, Champmeslé, à l'Hôtel de Bourgogne, en juillet 1672, ou Boizard du Pontau, 1737. *Divertissement... par Faure, musicien de l'orchestre de l'Opéra de Paris.*
Les Originaux, Fagan. Grandval, 1737. A1. Font partie des *Caractères de Thalie*. Dugazon y ajouta la scène du maître de danse, et l'exécuta d'une façon merveilleuse.
Le Fat puni, Pont-de-Vesle. Grandval, 1738. A3.
Le Consentement forcé, Guyot de Merville. Grandval, 1738. A1.
Esope au Parnasse, Pesselier. Grandval, 1739. A1.
L'Oracle, Saint-Foix. Grandval, 1740. A2.
Joconde, Fagan. Grandval, 1740. A1.
Deucalion et Pyrrha, Saint-Foix. Grandval, 1741. A1.
Les Masques, ou le Bal de Passy, Parmentier. Grandval, 1741, A1.
Les Souhaits (?) Grandval, 1741. A4. Ce n'est pas la comédie de Regnard.
La Fête d'Auteuil, Boissy. Grandval, 1742. A2.
Amour pour Amour, La Chaussée. Grandval, 1742. A1.
L'Isle sauvage, Saint-Foix. Grandval, 1743. A1.
Zénéide, Cahuzac. Grandval, 1743. A1.
L'Heureux Retour, Panard et Fagan. Grandval, 1744. A4. Le parterre y chanta les louanges du Roi, de la Reine et du Dauphin avec les acteurs.
Les Grâces, Saint-Foix. Grandval, 1744. A1.
L'Algérien, Cahuzac. Grandval, 1744. A4.
Le Quartier d'hiver, Bret, Dancourt et Villaret. Grandval, 1744. A1.
La Folie du jour, Boissy. Grandval, 1745. A1.
L'Etranger, abbé Bonnet. Grandval, 1745. A1.
Le Rival de lui-même, Lachaussée. Grandval, 1746. A1.
Le Plaisir, abbé Marchadier. Grandval, 1747. A4.
L'Isle des Vieillards...?... Grandval, 1748. A1.
L'Heureux indiscret...?... Grandval, 1751, A1.
Les Hommes, comédie-ballet, Saint-Foix. Giraud, 1753. A2.

Nous voyons, en outre, sans indication de compositeurs :

Le Magnifique, Quinault (1), 1631. A1.

---

(1) Celui-ci n'est plus le musicien-comédien, c'est le poète.

Le Mary sans femme, Montfleury, à l'Hôtel de Bourgogne, 1663. Repris plusieurs fois. B.
La Comédie sans titre, Boursault, 1679. B. (Ce volume dit : 1683.)

La plupart de ces airs et des divertissements ont été refaits ou retouchés, au dix-huitième siècle et dans celui-ci, par Deshayes, Desnoyers, Giraud et Baudron, successivement attachés à la Comédie. Leur musique se trouve dans un volume manuscrit, aux Archives du théâtre, intitulé, sur le plat : *Théâtre-Français, tome VII*.

Nous avons dit que, tout en restant dans la légalité, la Comédie s'en écarta quelquefois. En effet, nous voyons, le 20 juin 1716, un arrêt du Conseil, en faveur de l'Opéra contre les Comédiens Français, les condamner en 500 livres d'amende, au profit de l'Hôpital-Général, pour une contravention dans une représentation du *Malade imaginaire* du 12 janvier, et à pareille amende pour seconde contravention dans une représentation de *la Princesse d'Elide* du 4 mai, dans les entr'actes desquelles ils ont fait exécuter des danses et entrées de ballets, et se sont servis d'un plus grand nombre de voix et d'instruments qu'il n'est licite. L'arrêt les décharge, « par grâce et sans tirer à conséquence, » de la demande en dommages-intérêts faite par l'Opéra.

Cependant ils se mettent encore en contravention et reçoivent de nouveaux avertissements. En 1718, ils se plaignent, dans un mémoire, de leurs obligations envers l'Académie de Musique. Les défenses, disent-ils, dont ils sont victimes ont été faites au profit de Lulli, quand l'Opéra, le lendemain de sa naissance, avait à assurer sa viabilité. Elles n'ont plus de raison d'être, maintenant qu'il a dépassé tous les théâtres d'Europe, et que sa réputation et son luxe défient la Comédie elle-même. Il nous reproche nos neuf violons ou hautbois ! Mais, lorsque nous avons été restreints à six violons, nous n'avions qu'une petite salle, rue Mazarine ; rue des Fossés, nous en avons une plus grande, qui exige plus d'instruments. D'ailleurs, la Comédie-Italienne s'en permet autant que nous, sans que l'Opéra s'en irrite, et les forains bien davantage. — Ce dernier trait est piquant : il fait allusion aux traités conclus entre l'Opéra et l'Opéra-Comique, dont les Comédiens niaient la légalité. — Nous nous sommes conformés aux ordonnances relativement aux voix et aux danseurs ; mais, quant aux instruments, nos anciennes pièces, que la Cour même nous ordonne souvent de venir jouer, en réclament un plus grand nombre. Il faut donc prendre un tempérament, et nous permettre de les jouer avec tous leurs accessoires, les jours autres que ceux d'Opéra...

En conséquence, ils demandent qu'on leur laisse les neuf violons ou hautbois dont ils ont pris sur eux de faire usage.

Les suites de cette affaire nous échappent. Mais nous trouvons mentionné, dans les papiers de Beffara (Arch. de l'Opéra), un arrêt du Conseil du 21 mars 1718, qui décharge les Comédiens des amendes qu'ils ont à payer à l'Académie de Musique (pour les infractions de 1716 ou pour de plus récentes?), mais qui confirme leurs obligations.

Les défenses portées à l'arrêt du 20 juin 1716 sont renouvelées dans celui du 1er juin 1730, qui confère à Gruer le privilége de l'Opéra, et dans un autre, du 11 novembre 1741, qui prononce comminatoirement 10,000 livres d'amende contre les contrevenants, et que l'Opéra fait signifier aux Comédiens le 29 mai 1742.

En septembre 1746, Berger, le directeur, adresse une requête au Conseil à propos de nouvelles infractions de ces derniers, qui ont employé plus de chanteurs et de musiciens qu'ils ne doivent. Lors des représentations de *la Fête interrompue*, espèce d'opéra de La Chaussée, en avril, un huissier du Conseil avait dressé procès-verbal, et Berger s'était plaint. Les Comédiens continuèrent. Ils reprirent *le Nouveau Monde* et *l'Inconnu*, cette dernière pièce qualifiée, dans leurs affiches, de comédie-ballet. Le 6 septembre, Berger leur fit signifier une seconde fois l'arrêt du 11 novembre 1741. Ils n'en tinrent compte, et un procès-verbal du 7 constata que la pièce était jouée en cinq ballets exécutés par des danseurs externes, avec changements de décorations, scènes de musique, etc. Berger demandait 30,000 livres de dommages-intérêts ; un arrêt du 3 octobre condamna les Comédiens à les payer, en leur défendant de récidiver. Il est peu probable, toutefois, qu'ils consignèrent cette somme : l'Autorité dut, comme à l'ordinaire, en provoquer la décharge.

L'oppression amenait, comme toujours, la révolte ; la Comédie secouait le joug ouvertement ! Elle avait même affiché, dans des documents publics, son intention de ne plus respecter les ordonnances : son règlement du 26 octobre 1729, qui établissait quatre classes de Comédiens administrateurs, et qu'elle fit imprimer, chargeait le troisième groupe « de la symphonie extraordinaire, des danseurs extraordinaires et de l'orchestre pour la symphonie. »

L'ordonnance de 1673, on s'en souvient, permettait aux Comédiens deux voix et six violons. Le premier des almanachs Duchesne (1752 pour 1751) rappelle incidemment cet acte, qui était toujours en vigueur, et néanmoins la composition de l'orchestre de la Comédie, cette année-là, n'est pas conforme aux dispositions qu'il renferme : Dupré, basson ; Masse, Chabrun, violoncelles ou basses ; Branche, Sénéchal, Perrin, Pifaict, Chartier, violons ; total : cinq violons et trois autres instrumentistes. Celui de 1753 (pour 1752) ne mentionne pas le personnel de la Comédie, sans doute parce qu'il n'y avait pas eu de changements.

L'année suivante (1754 pour 1753), nous voyons cités : Sandy, maître des ballets, six danseurs, sept danseuses, un danseur et une danseuse italiens, huit violons et une flûte. La Comédie avait donc obtenu récemment la modification des ordonnances? Nous avons rencontré, dans nos recherches, la mention d'un arrêt du Conseil de 1753 qui interdit formellement les ballets aux Comédiens, sous peine de 10,000 livres d'amende. Nous n'avons pas retrouvé l'arrêt même, mais il est certain qu'il fut rendu, car il donna lieu à cette réclamation burlesque en vers qui est bien connue et qui est datée de 1753. De Mouhy ne parle pas d'arrêt, mais il dit que, le 7 août, un ordre supérieur supprima les ballets, — preuve qu'ils venaient d'être autorisés, grâce probablement à l'intervention des Gentilshommes de la Chambre, — que les Comédiens fermèrent le théâtre, députèrent à la Cour quelques-uns des leurs et obtinrent, le 18, l'annulation de la mesure. Voilà donc abrogée la clause de l'ordonnance de 1675 relative à la danse. Mais la faculté d'augmenter l'orchestre et, on va le voir, de prendre des voix externes, quel acte l'avait donnée ? Les Comédiens l'avaient-ils obtenue avec l'autre, en invoquant, comme en 1718, la différence des temps et des locaux ? C'est probable.

A partir de ce moment, leur personnel lyrique va s'accroître sans cesse. En 1755 (1754), nous relevons : un maître des ballets, Dourdet ; un maître de musique, Giraud ; un répétiteur, Delaunay ; huit danseurs, neuf danseuses, sept violons, une flûte. Deux ans après : La Rivière et Bourqueton, maîtres et compositeurs des ballets et premiers danseurs ; Girault, compositeur de la musique ; Delaunay, danseur et répétiteur ; huit danseurs ; mademoiselle Allard, première danseuse, et neuf autres, parmi lesquelles mesdemoiselles Cazenove et Camargo ; cinq violons, deux flûte et hautbois, un basson, deux violoncelles. En 1758 (1757), l'orchestre reste le même ; La Rivière et Allard sont maîtres et compositeurs des ballets et premiers danseurs ; Girault, compositeur de la musique ; Dehault, répétiteur ; huit danseurs ; deux premières danseuses, mesdemoiselles Allard et Ray, et huit danseuses.

D'après le registre de dépenses de la Comédie en 1757, la symphonie coûte par mois 395 livres, 16 sols, 8 deniers ; les danseurs, 1,605 liv., 6 s., 6 d., dont Allard touche 200 liv., La Rivière,

291 liv., 13 s., 4 d.; d'autres, 56 liv.; d'autres, enfin, 35 liv. Dehault, répétiteur, a 25 liv. Certains mois, les danseurs reviennent à 1,555 liv., 6 s., 8 d., ou à 1,588 livres. Les figurants changent souvent.

A cette époque, il y eut de profondes modifications dans l'organisation intérieure de la Comédie-Française ; tous les règlements de ce théâtre furent renouvelés. Celui que firent les Gentilshommes de la Chambre le 23 décembre 1757 attribua au second semainier l'inspection du maître des ballets et de l'orchestre, le soin de dresser les états et mémoires des décorations, machines et habits pour les pièces et ballets, et de les remettre au premier semainier, pour que celui-ci en fît rapport à l'assemblée. Disons tout de suite que tous les règlements subséquents transportèrent, en termes formels ou implicitement, ces soins au Comité (règlements des 1er juillet 1766, 18 mai 1781, 18 novembre 1791, décret de Moscou, ordonnance du 14 décembre 1816); celle du 29 août 1847 et le décret du 27 avril 1850 mettent définitivement le personnel musical, avec tous les employés du théâtre, à la nomination de l'Administrateur général et sous la surveillance de tel délégué qu'il lui plaît d'y commettre.

Le contrat de société passé par les Comédiens, le 9 juin 1758, régla le budget de la Comédie dans ce tableau, chef-d'œuvre de calligraphie, annexé à la minute de l'acte, que nous avons trouvée chez Me Sébert. Voici la partie musicale de ce document :

ORCHESTRE. — *Douze musiciens* :

Le premier............	650 livres	
Le second............	600 —	5,500 livres.
Trois à 500 liv........	1,500 —	
Sept à 400 liv........	2,800 —	

BALLETS.

Maître de musique................	
Maître de danse................	
Danseurs................	25,000 livres.
Danseuses................	
Figurants................	
Figurantes................	

Le détail n'a pas été fixé pour les ballets. Il ne le fut que quelques mois plus tard, ainsi qu'on le verra plus bas.

A la minute du même contrat est jointe celle d'un règlement pour les employés et gagistes (1). Voici l'analyse des chapitres relatifs aux ballets et à l'orchestre :

BALLETS. — La danse, le maître de musique, le répétiteur, les fournitures de marchandises pour habits et décorations des ballets, toutes les dépenses, en un mot, relatives à cette partie sont arrêtées annuellement à 25,000 livres.

ORCHESTRE. — 1º Il sera composé de douze musiciens ;

2º Les musiciens se rendent à l'orchestre à cinq heures moins un quart en été, à cinq heures en hiver, pour la symphonie, qui se fera à cinq heures précises en été, à cinq heures un quart en hiver ;

3º Ceux qui seront empêchés pourront envoyer un remplaçant, pourvu qu'il soit capable ;

4º Lorsqu'il viendra quelque Prince ou Princesse du sang, ils ne commenceront qu'à leur arrivée ;

5º Ils ne s'absenteront pas de l'orchestre pendant la représentation ;

6º Ils se trouveront aux répétitions générales des divertissements nouveaux indiquées par le maître des ballets ;

7º Ils paraîtront sur le théâtre dans les représentations des *Précieuses*, du *Grondeur*, du *Galant Jardinier*, etc., sans recevoir de rétribution extraordinaire ;

8º Chaque contravention sera punie d'une amende de 3 livres, perçue par le premier semainier en exercice.

Les places seront données, au concours, à la supériorité des talents et non à la protection. Le chef d'orchestre sera responsable de toute la musique appar-

---

(1) Il n'est pas daté, mais nous y trouvons la preuve qu'il n'est pas postérieur à janvier 1758. De Mouhy en cite un du 1ᵉʳ avril 1758 que nous n'avons retrouvé nulle part, et qui doit être celui dont nous parlons.
La Comédie en avait déjà fait un, le 9 avril 1753, ordonnant aux musiciens : de se trouver à cinq heures précises à l'orchestre et de jouer dès que l'on commencera de moucher les lustres et même auparavant, sous peine d'une amende de 3 livres ; de ne pas se faire doubler dans les pièces d'agréments ; d'être exacts aux répétitions, sous la même peine ; de ne pas s'absenter pendant les entr'actes, sous peine d'une amende de 1 livre, 10 sols. A la troisième contravention sans motif légitime, ils seront remerciés. Branche est chargé « du détail total » de l'orchestre ; il aura 500 livres d'appointements et 100 livres pour les répétitions, lesquelles 100 livres lui seront supprimées si les ballets le sont (c'est l'affaire dont nous avons parlé, qui était alors en suspens). (Arch. Com.-Fr.)

tenant aux Comédiens ; on lui en donnera tous les ans un nouvel état, et il en délivrera chaque fois un récépissé.

L'orchestre et les appointemens sont arrêtés comme il suit :

Branche	600 livres		
Dupré	650	—	
Madron	500	—	
Bécare	500	—	
Patoir	400	—	
Perin	500	—	4,750 livres.
Pisset	400	—	
Descombles	400	—	
Blondeau	400	—	
Chartier	400	—	

Ce sont deux musiciens à 400 livres de moins qu'au budget de 1757.

De Mouhy reproduit, à la date du 21 avril 1759, un ordre, dont nous n'avons pas retrouvé l'original à la Comédie, du Duc d'Aumont, fixant l'orchestre à six violons, — parmi lesquels le répétiteur, — deux hautbois, trois violoncelles, une basse, et prescrivant de servir une pension de 200 livres à trois musiciens qui sont mis à la retraite (1). Mais ces

---

(1) Pour ne pas interrompre le fil de notre récit, nous reproduirons en note des *Arrangemens pour les ballets* que fit le Duc d'Aumont, le 1er juillet 1759, et que nous avons trouvés, dans un registre des délibérations, aux Archives de la Comédie :

ART. PREMIER. — Le sieur Hus sera engagé, en qualité de maître des ballets, pour ledit composer, jusqu'à Pâques prochain, sur le pied de 1,500 livres d'appointemens, qui lui sont accordés, ainsy qu'aux sieurs Tavalaigo et La Rivière, pour danser les ballets du sieur Hus.

ART. 2. — Il sera fait un état double des habits composant actuellement le magazin pour la danse, en marge duquel le maître des ballets fera mention des habits qu'il fera faire ou dénaturer, en indiquant l'usage qui en aura été fait ; il ajoutera aussi au bas de l'état les habits neufs qu'il aura fait faire.

ART 3. — Il lui sera remis un état des fonds employés jusqu'à ce jour tant pour le payement des appointemens que pour les autres dépenses du ballet, et le restant desdits fonds, jusqu'à la concurrence de 25,000 livres, sera mis tous les mois à part par le caissier pour être employé au payement des appointemens et autres dépenses.

ART. 4. — Les mémoires des différents fournisseurs seront arrêtés par le maître des ballets et payés en suitte par le caissier sur l'ordre du sieur Bellecour.

ART. 5. — Le caissier payera les appointemens des danseurs et danseuses sur l'état qui luy en sera remis par le maître des ballets, qui aura soin de le prévenir des changemens qui pourront survenir et des amendes à retenir.

dispositions ne durent pas longtemps, car, en 1760, l'almanach Duchesne signale, en plus, un cor de chasse et un timbalier. Cette même année, selon le registre des dépenses, Vestris est maître des ballets et premier danseur, avec 3,000 livres par an; les figurants ont 3, 4 et 500 liv.; en tout : 7,300 livres. Mademoiselle Allard, première danseuse, a 3,200 livres; mademoiselle Guimard, seconde, 1,500 liv.; les figurants, 350 et 300 liv.; en tout : 13,700 liv. Total : 21,000 liv.

En 1764, le personnel est : un maître des ballets, un premier danseur, neuf figurants, un répétiteur, deux surnuméraires, un enfant, une première danseuse, huit figurantes, cinq surnuméraires, trois enfants ; total : 32 ; quatre premiers violons, quatre seconds, deux hautbois et flûte, deux cor et timbale, trois violoncelles, un basson, une contrebasse, un alto ; total : 18 (1). En 1766, d'après les registres du théâtre, les appointements des symphonistes montent à 9,750 liv.; ceux des danseurs et danseuses, à 15,300 liv.; les frais d'habits des ballets, à 7,500 livres ; total : 32,550 liv. A la nouvelle salle (Odéon actuel), qui est plus vaste, ce personnel est encore augmenté : il comprend 36 personnes pour la danse et 30 instrumentistes. En 1792, la danse est restée la même ; l'orchestre comprend 34 musiciens.

A la reconstitution de la Comédie-Française, les ballets furent abandonnés ; l'orchestre se composa de : six premiers violons, six seconds,

---

Art. 6. — Le maître des ballets pourra prendre à l'avenir et renvoyer lesdits danseurs et danseuses à sa volonté, et sera le maître de régler leurs appointemens, à l'exception de ceux des sieurs Tavalaigo et La Rivière, et des sieurs Allart et Guimart, lesquels seront soumis, comme les autres, aux amendes portées par le règlement qui sera fait, mais qui ne pourront être renvoyés que par notre ordre.

Art. 7. — Les danseurs et danseuses actuellement engagés se soumettront au règlement qui sera fait et le signeront.

Art. 8. — Le sieur Hus ne pourra porter la dépense des ballets que jusqu'à la somme de 25,000 livres, y compris ce qui a été dépensé jusqu'à présent.

Art. 9. — Il sera obligé de mettre deux ballets nouveaux toutes les semaines, soit ballets séparés, soit divertissemens attachés aux pièces.

Le Duc d'Aumont.

(1) L'orchestre avait été réglé de la sorte par un ordre des Premiers Gentilshommes, du 1er avril 1764, que nous voyons cité dans le règlement pour les employés et gagistes de 1769, mais que nous avons cherché vainement aux Archives du théâtre et aux Archives Nationales. Comparer, pour la synonymie des noms d'instruments, le texte de l'Almanach avec celui du règlement. Notons cependant une différence : en 1769, il n'est parlé ni de flûte ni de timbale.

deux alto et timbale, quatre basses, deux basson et flûte, deux contrebasses (une première, une deuxième), un premier cor, un second, et deux violons surnuméraires ; total : 28 exécutants. En 1815 : un chef d'orchestre, huit violons, trois basses, deux quinte et timbale, deux contrebasses, deux basson et flûte, deux clarinettes, deux cors et six surnuméraires ; total : 28. En 1830 : un chef d'orchestre, trois premiers violons, quatre seconds, deux quintes, deux basses, deux contre-basses, une flûte, deux clarinettes, deux bassons, deux cors ; total : 21. En dernier lieu, il n'y avait plus que dix-huit à vingt exécutants.

On a vu que les Comédiens accordaient aux musiciens des pensions de retraite ; mais cette concession était purement bénévole. En 1765, ils eurent un procès avec Branche, qu'ils avaient employé de 1754 à 1764. Il était entré comme premier violon à 400 liv., puis il avait été mis à 600 livres. Quand il voulut se retirer, on lui offrit 650 liv. pour le retenir. Il les refusa et fit, en justice, la demande d'une pension. Inutile de dire qu'il en fut débouté. L'on trouve plusieurs passages relatifs à cette affaire dans le *Registre des délibérations du Conseil*, 1766-1791.

Le 25 février 1768, les Comédiens règlent, en Comité, que les musiciens ne pourront faire entrer personne à l'orchestre, si ce n'est pour les remplacer, et que le premier violon ne pourra donner que deux billets, signés de lui, pour les mêmes places. Mais il paraît que le rédacteur s'était trompé, car, le 21 mai suivant, il est déclaré que les billets doivent être signés du semainier. En outre, comme on se plaignait que les musiciens dérangeassent les spectateurs par le bruit qu'ils faisaient en entrant et en sortant sans cesse, on décide qu'on fera fermer la communication de l'orchestre sous le parquet, que les musiciens n'entreront plus que par la porte du milieu (au-dessous du souffleur), et que le premier violon leur enjoindra de ne pas sortir pendant le spectacle, à peine de 3 liv. d'amende.

Le 29 mars 1769, la Comédie fait, pour ses employés et gagistes, un nouveau règlement que nous avons trouvé dans ses Archives. Voici l'analyse de la partie qui nous intéresse :

CHAPITRE II. — ORCHESTRE. — ARTICLE PREMIER. — L'orchestre restera composé de dix-huit musiciens, ainsi qu'il a été réglé par un ordre des Premiers Gentilshommes de la Chambre, du 1er avril 1764, savoir : huit violons, trois basses, un basson, une contre-basse, une quinte, deux hautbois, deux cors de chasse.

Art. 2. — Les musiciens se rendront à l'orchestre à quatre heures trois quarts, pour ouvrir la symphonie à cinq heures.

Art. 3. — Ils ne pourront se faire remplacer sans l'agrément du directeur de l'orchestre.

Art. 4. — Lorsqu'il viendra quelque Prince ou Princesse du Sang, ils ne commenceront qu'à leur arrivée.

Art. 5. — Ils ne pourront s'absenter pendant les entr'actes.

Art. 6. — Ils se trouveront aux répétitions des divertissements indiquées par le maître des ballets.

Art. 7. — Le directeur de l'orchestre proposera aux Comédiens assemblés les candidats aux emplois vacants; on s'en remet à lui de la sincérité des choix.

Art. 8. — Le Comité jugera des contraventions sur la déclaration du directeur. Il sanctionne le règlement de police particulier qui a été unanimement approuvé par les musiciens.

Art. 9. — Tous les instruments seront renfermés dans une armoire de la salle d'assemblées; une des clefs sera conservée par le directeur, l'autre par le comédien qui aura le département de la musique.

Art. 10. — Il sera fait un inventaire de toute la musique, dont une copie sera délivrée au directeur, une autre au comédien ayant le département de la musique.

CHAPITRE III. — Danse. — Règlement convenu entre le maître des ballets, les premiers danseurs, premières danseuses, figurants et figurantes, et approuvé par les Comédiens :

Article premier. — Il sera payé une amende de 20 sols pour chaque quart d'heure de retard; le premier quart d'heure sera franc, mais il n'y aura pas de grâce pour la minute suivante. Chacun, avant la fin du premier quart d'heure, écrira ses motifs de retard au semainier, sinon il encourra l'amende. Le répétiteur se tiendra prêt, au quart précis, à commencer les répétitions. Les surnuméraires ne seront affranchis de payer immédiatement les amendes que si le maître des ballets en répond pour eux.

Art. 2. — Les sujets se trouveront à la Comédie une heure juste avant le ballet, pour s'habiller. Le semainier y tiendra la main et infligera trois livres d'amende aux contrevenants.

Art. 3. — Tous reconnaîtront un semainier pour le maintien du bon ordre, de la décence, et l'avoueront seul comme *habile* à percevoir les amendes. Les amendes seront vérifiées par le maître des ballets et retenues par le caissier.

Art. 4. — Le semainier est responsable des contraventions. Il s'interposera dans les querelles.

Parlons tout de suite de ce qui regarde la question dans les divers règlements d'administration intérieure subséquents.

RÈGLEMENT DU 4 SEPTEMBRE 1813..... TITRE III. — Des Musiciens. — Art. 52. — L'orchestre est placé sous la surveillance et direction d'un chef, qui communique avec l'administration et en transmet les ordres aux musiciens.

Art. 53. — Lorsqu'une place est vacante, le chef en fait un rapport au Comité, qui y nomme, s'il y a lieu.

Art. 54. — Les musiciens que le chef convoque pour les répétitions sont tenus d'y venir, sous peine de 10 fr. d'amende. — Chaque soir, tous les musiciens doivent se trouver au théâtre à six heures précises ; ils se réunissent dans le foyer qui leur est assigné et se rendent à l'orchestre sur un signal donné par le chef.

Art. 56. — Le musicien qui manque à l'ouverture paye une amende de 2 fr. 50.

Art. 57. — Le spectacle commencé, aucun ne peut quitter l'orchestre qu'en cas d'indisposition.

Art. 58. — Nul ne peut se faire remplacer sans motifs valables et sans l'autorisation du chef, qui doit être prévenu la veille ou au moins le matin. Il ne peut y avoir plus de deux remplaçants à la fois.

Art. 59. — Le musicien qui, pendant le spectacle, manque de respect au public ou aux acteurs paye, la première fois, une amende de 10 fr.; la seconde, il perd sa place.

Art. 60. — Chaque soir, le chef remet au secrétaire-souffleur ou aux semainiers la liste de ceux qui ont manqué à la représentation ou qui ont encouru l'amende, sous peine de la payer lui-même.

RÈGLEMENT DU 31 DÉCEMBRE 1816.... Orchestre. — MM. les musiciens se rendront tous les jours, à six heures et demie du soir, au théâtre, et commenceront la première symphonie à six heures trois quarts. Ils en joueront une deuxième et une troisième immédiatement avant la levée du rideau. — Ils se rendront aux répétitions, lorsque le besoin l'exigera, aux heures indiquées. — Le chef d'orchestre veillera spécialement à l'exactitude du service. Des amendes seront déterminées pour ceux qui y manqueront. — Il ne pourra y avoir plus de deux remplaçants à la fois, et l'on ne se fera remplacer qu'avec l'autorisation du chef. MM. les musiciens sont invités à s'entendre pour que des sorties générales n'aient pas lieu au commencement de chaque acte, et pour que leurs rentrées soient moins tumultueuses : ces allées et venues troublent les acteurs, fatiguent le public et nuisent à l'ensemble de la représentation.

RÈGLEMENT DU 1er JUILLET 1833..... Chef d'orchestre. — Il est responsable de son orchestre. — Il veille à ce que les musiciens soient rendus au théâtre une demi-heure avant le lever du rideau. — Il donne ses ordres pour qu'ils se rendent exactement aux répétitions indiquées, lorsque le besoin l'exige. — Il veille à ce que des sorties générales n'aient pas lieu au commencement de chaque acte, et à ce que les rentrées se fassent sans bruit. — Il inflige des amendes à ceux qui troublent l'ordre ou manquent à leur service.

Ce règlement est le dernier qui ait été fait.

Les pièces, où la musique joue un rôle, les plus remarquables que nous rencontrions, à la fin du dix-huitième siècle, sont le Barbier de Séville (1775) et le Mariage de Figaro (1784) (1). Le Barbier fut d'abord une espèce d'opéra-comique destiné par Beaumarchais à la Comédie-Italienne, et dont il composa les couplets sur des airs italiens et espagnols qu'il voulait naturaliser en France. La pièce fut refusée. L'auteur en fit alors une comédie pour le Théâtre-Français. La partie musicale en fut gravée pour orchestre; la Bibliothèque du Conservatoire en possède un exemplaire sur lequel une main inconnue a écrit : Cette musique est de M. Beaumarchais. C'est celle qui est exécutée maintenant, excepté la sérénade, tirée de l'opéra de Paesiello.

Le Mariage contient plusieurs airs dont la musique doit être également de Beaumarchais et s'est transmise au théâtre par tradition. Sur l'édition originale de la pièce, ceux qui se les veulent procurer sont renvoyés à Baudron, premier violon de la Comédie. Les couplets de la fin sont abandonnés depuis longtemps; cependant, il y a quelques années, M. Edouard Thierry les fit chanter. Le plus saillant des airs du Mariage est celui de Malbrough s'en va-t-en guerre, sur lequel le petit page module sa complainte amoureuse, et qui, selon d'aucuns, aurait une origine orientale. Suivant d'autres, cette chanson, couplets et air, fut composée après la bataille de Malplaquet pour railler notre vainqueur, et elle eut un grand succès à ce moment; puis, bientôt le léger Athénien de Paris s'en souvint aussi peu que des misères de 1709. Mais elle se serait conservée en province, d'où la nourrice du Dauphin la rapporta et la remit à la mode, à Versailles, en en berçant le royal bébé. Beaumarchais, qui écrivait le Mariage, aurait alors utilisé l'actualité en y adaptant les couplets de Chérubin, mais en y apportant cette originale modification de substituer des paroles marquant le regret aux lazzis de nos

---

(1) Voir, sur l'une et l'autre, la magnifique et savante édition du Théâtre de Beaumarchais donnée par nos amis MM. de Marescot et G. d'Heilly.

ancêtres, et de prêter — comme la nourrice peut-être — au joyeux air, ce mouvement lent et cet accent triste, auxquels la mélodie, insignifiante dans sa première version, emprunte un caractère ravissant.

Si l'Académie de Musique avait eu mainte fois à garantir son privilège des empiètements des Comédiens, ceux-ci songèrent peu, que nous sachions, à user de représailles, quoique presque toutes les tragédies lyriques aient été tirées de tragédies françaises. La seule trace que nous ayons rencontrée des réclamations de la Comédie à ce sujet est un mémoire qu'elle adressa, le 2 mars 1784, au baron de Breteuil, Ministre de la Maison du Roi, pour demander qu'on interdît à l'Opéra de faire jouer des poèmes calqués sur les siens, et au censeur de les approuver.

La loi des 13-19 janvier 1791, en proclamant la liberté industrielle des théâtres, abrogea toutes les obligations qui avaient lié — car nous venons de voir que depuis longtemps elles ne liaient plus qu'en principe — la Comédie à l'Opéra. Celle-ci vit donc, sous ce rapport, le nouvel état de choses avec indifférence.

La liberté des théâtres dure jusqu'en 1806. Le 8 juin, un décret — illégal, comme tous ceux que signa Napoléon au sujet des théâtres, puisqu'ils abrogeaient une loi, — interdit l'ouverture de nouveaux établissements dramatiques, décide que les répertoires de l'Opéra, du Théâtre-Français et de l'Opéra-Comique seront arrêtés par le Ministre de l'Intérieur, et qu'aucun théâtre ne pourra en user sans leur permission et sans leur payer une redevance; enfin, que le Ministre de l'Intérieur délimitera le genre de chaque entreprise.

En conséquence, le Ministre arrête, le 25 avril 1807, que le Théâtre-Français, outre les pièces nouvelles qui lui sont destinées, jouera les tragédies, les comédies et les drames représentés à l'ancienne Comédie-Française et les comédies jouées à l'ancienne Comédie-Italienne. Le Théâtre de l'Impératrice (Odéon) est l'annexe du Théâtre-Français pour la comédie seulement, et n'emprunte à ce dernier que les pièces de la Comédie-Italienne. L'Opéra garde son ancien répertoire et peut seul donner des pièces entièrement en musique et des ballets sérieux, plus, mais non à l'exclusion des autres scènes, des ballets bourgeois et champêtres.

L'Opéra-Comique a les comédies, etc., mêlées de couplets et vaudevilles. Les airs des répertoires des deux théâtres lyriques ne peuvent, sans l'autorisation des auteurs ou propriétaires, être pris par les autres scènes que cinq ans après la première représentation de l'ouvrage où ils se trouvent. Le 29 juillet 1807, le décret qui réduit à huit le nombre des théâtres de Paris approuve ce règlement.

Ces divers actes, on le voit, tout en enlevant à la Comédie le droit que lui avait conféré la loi de 1791 : de jouer même des opéras si elle le jugeait bon, lui laissait l'entière faculté de représenter, avec tout leurs agréments, comme on disait jadis, les pièces à spectacle de son répertoire, et les pièces nouvelles analogues.

Le décret du 13 août 1811, qui rétablit la redevance que payaient autrefois à l'Opéra les théâtres de second ordre et les spectacles, continua d'épargner la Comédie. Celle-ci d'ailleurs usa peu, voire pour ses anciennes pièces, de sa liberté. Elle était devenue depuis longtemps un théâtre purement littéraire, et son public, même dans les grandes œuvres du répertoire, ne réclamait plus la mise en scène des parties que, au dix-septième siècle, Molière et d'autres y avaient introduites comme prétexte à ballets. Le décret du 6 janvier 1864, qui a rétabli la liberté industrielle des théâtres, n'a pas, en fait, modifié cette situation : il laisse les théâtres subventionnés soumis à une législation spéciale. D'ailleurs la Comédie ne désire, pas plus qu'auparavant, jouer des opéras, et la partie musicale et chorégraphique que lui permettaient les décrets de Napoléon Ier pour les pièces littéraires lui suffira toutes les fois qu'elle en voudra reprendre.

Nous n'essayerons point de dresser une liste de tous les ouvrages, dans lesquels apparaît la musique, joués, à la Comédie, depuis un siècle : aussi bien n'y figure-t-elle presque toujours qu'au troisième plan. Signalons au hasard : *Monsieur de Crac*, de Collin d'Harleville (1791) ; *les Deux Pages*, de Faure : dans ces deux pièces on chante des couplets de vaudeville ; les airs de la seconde sont de Dezède. Dans le premier acte de *Louis XI* de Casimir Delavigne (1832), le chœur des paysans et paysannes fut chanté par des choristes spécialement engagés, et qui, sans nouvelles convocations, sont toujours revenus spontanément, chaque fois que les affiches annonçaient une reprise de la pièce ; ils montaient directement s'habiller, et le chef d'orchestre les trouvait, au foyer, cinq minutes avant l'ouverture. Dans *Un Mariage sous la Régence* de notre ami Léon Guillard (1850), on exécutait un ballet. Notons une particularité : Mademoiselle Clotilde, qui y dansa, partit ensuite pour l'étranger, et, dans toutes les villes qu'elle parcourut, se fit intituler, sur les affiches, *Première Danseuse de la Comédie-Française*.

Nous n'avons guère plus à mentionner que l'*Ulysse* de Ponsard, joué, en 1852, avec la musique de M. Gounod, exécutée par les élèves instrumentistes du Conservatoire et les chœurs du Théâtre-Italien; *Murillo* d'Aylic Langlé (1853), musique d'Adolphe Adam et de Meyerbeer; *Œdipe, roi*, de Jules Lacroix (1858), musique de M. Edmond Membrée; *Un Jeune Homme qui ne fait rien*, de M. Legouvé, où M. Bressant chante avec goût une célèbre romance de Chopin; enfin, ces derniers temps, la reprise de *Dalila*, de M. Octave Feuillet, où le grand air de *Boabdil* a été chanté dans la coulisse par M. Richard, ténor de l'Opéra.

Voici la liste de tous les Comédiens-Français qui ont été les disciples d'Euterpe et de Terpsichore :

CHANTAIENT : mademoiselle Duparc; mademoiselle Molière; mademoiselle d'Ennebaut; Raisin aîné (il était très bon musicien et composa les airs de plusieurs pièces); Pierre de La Thorillière; Sallé (moine défroqué et aïeul de la danseuse; il était basse-taille à Rouen en 1697 et avait également chanté à l'Académie Royale de Musique ; quand il avait un rôle dans des pièces à divertissements, à la Comédie, le public abandonnait l'Opéra pour venir l'entendre. Sa femme, Françoise Thoury, chanta d'abord en province ; après son mariage, elle fut admise à l'Opéra de Paris, où elle chanta notamment le rôle d'*Andromède* dans la seconde reprise du *Persée* de Lulli, en 1703; l'année suivante, elle quitta ce théâtre pour aller prendre l'emploi des *confidentes* à la Comédie); mademoiselle Duclos (elle avait chanté à l'Opéra); mademoiselle Mimi Dancourt; mademoiselle Dubreuil; Jean-Baptiste-Maurice Quinault (que nous avons signalé aussi comme compositeur); mademoiselle Legrand (qui abandonna la Comédie pour aller à l'Opéra-Comique); Armand (Huguet); mademoiselle Connell; mademoiselle Desbrosses; mademoiselle Labatte; mademoiselle Dangeville; Quinault-Dufresne; mademoiselle Quinault l'aînée (elle avait passé par l'Opéra); Drouin (il avait été d'abord à l'Opéra-Comique, où il donna *la Meunière de qualité* en 1712); mademoiselle Drouin (elle était fille d'un maître de musique et chantait admirablement); mademoiselle Gaussin; mademoiselle Clairon (chanta et dansa d'abord à la Comédie-Italienne, puis alla doubler, à l'Opéra, mademoiselle Lemaure, quoiqu'elle fût, selon son propre aveu, très médiocre musicienne); Bouret (fut d'abord à l'Opéra-Comique); Bellecourt; mademoiselle Bellecourt, fille de Beaumenard (alla d'abord à l'Opéra-Comique, où elle débuta dans le rôle de *Gogo* du *Coq de village*, dont le nom lui resta); mademoiselle Brillant (d'abord à l'Opéra-Comique); Rousselet, qui fit partie de l'Opéra-Comique entre ses deux débuts à la Comédie; mademoiselle Dubois (elle fut d'abord à l'Opéra; sa voix était très jolie; elle chanta, en 1763, au Concert Spirituel, et Berton écrivit pour elle les airs de bravoure de *l'Anglais à Bordeaux*); mademoiselle Durancy (elle débuta en 1759 à la Comédie, passa, le 9 juin 1762, à l'Opéra pour tenir le premier emploi, revint, le 16 octobre 1766, à la Comédie, et retourna, le 23 octobre 1767, à l'Opéra, dont elle fut une des grandes cantatrices; elle était fille de mademoiselle Darimath, une des meilleures actrices de l'Opéra-Comique); mademoiselle Luzy (d'abord figurante à l'Opéra, chanta quelque temps à la Comédie-Italienne avant de passer à la Comédie-Française); mademoiselle Doligny; mesdemoiselles La Chassaigne et Lange, d'abord figurantes à l'Opéra; mademoiselle Ollivier; mademoiselle Fleury-Cheptel (fut d'abord à l'Opéra-Comique et chanta ce genre à Amsterdam); madame Fusil (en 1792, elle chanta la romance du *Saule* dans la coulisse, pendant que mademoiselle Desgarcins (Edelmone) mimait le rôle); madame Simons-Candeille (fille d'un compositeur, compositeur elle-même, elle donnait, à neuf ans, des leçons de musique; à douze, elle fit exécuter, au Concert Spirituel, un concerto, et, peu de temps après, une cantate dont elle avait aussi fait les paroles. On lui doit, entre autres ouvrages, *la Belle Fermière*, pièce et musique); mademoisellle Leverd; madame Paradol (elle avait chanté d'abord à l'Opéra et en province, elle était élève du compositeur Plantade); mademoiselle Demerson (elle avait chanté l'opéra-comique en province); mademoiselle Saint-Ange; Bernard, en premier lieu basse-taille au théâtre de Marseille; Guiaud, (il chanta *le Muphti*); Menjaud (chantait dans *le Malade* et dans *le Barbier*); madame Menjaud (chantait dans *le Mariage* (*Chérubin*) et dans *la Petite Ville*); Joanny (il avait chanté les *tabliers* en province); M. Ponchard fils, qui a passé à l'Opéra-Comique; M. Brindeau; Emilie Dubois; Marie Royer; Leroux; M. Masset (fils du professeur du Conservatoire, va bientôt chanter à l'Opéra-Comique ou au Théâtre-Lyrique); M. Verdellet (venu de ce dernier théâtre, y est retourné).

Adrienne Lecouvreur chantait mal. Dans le rôle d'*Agathe*, des *Folies amoureuses* — moins heureuse que madame Favart, qui jouait de la harpe dans *les Trois Sultanes* — elle feignait de pincer les cordes de sa guitare, tandis que Chabrun la suppléait dans le trou du souffleur, ce qui, dit-on, sembla ridicule.

DANSAIENT: mademoiselle Duparc; mademoiselle Molière; Pierre de La Thorillière; Sallé; mademoiselle Godefroy (elle était fille d'un maître à danser); mademoiselle Dufey; Armand (Huguet); Dumirail (il était fils d'un danseur de l'Opéra); Jean-Baptiste-Maurice Quinault; Quinault-Dufresne; mademoiselle Quinault la cadette (Jeanne-Françoise), qui avait été danseuse à l'Opéra; Dangeville (Charles-Etienne); Dangeville (Claude-Charles), qui avait d'abord été attaché, comme danseur, à la Comédie; mademoiselle Dangeville (elle dansa d'abord à l'Opéra); mademoiselle Desmares (elle était, de plus, très adroite au bilboquet et en jouait dans ses rôles comiques; le public réclamait cet accessoire quand, par hasard, elle ne l'avait pas; plus tard, lorsque la mode des pantins commença, les Comédiens en eurent à leur boutonnière et les firent danser tout en jouant leurs rôles); mademoiselle Dancourt aînée; mademoiselle Dubreuil; mademoiselle Legrand : mademoiselle Gaussin (elle épousa Taoligo, danseur de l'Opéra); Drouin, (il fut chargé également de la composition des ballets à la Comédie; il se démit le tendon d'Achille en dansant à Fontainebleau); mademoiselle Drouin; mademoiselle Clairon; mademoiselle Joly; Dugazon; mademoiselle Compain, d'abord danseuse à l'Opéra, ainsi que mesdemoiselles Araldi et Delatre; mesdemoiselles Leverd et Bourgoin avaient été destinées à la danse; mademoiselle Dewintre, qui a joué quelque temps les soubrettes, sortait du corps de ballet de l'Opéra.

Indépendamment des danseurs et danseuses attachés à la Comédie que nous avons cités au cours de ce travail, citons mademoiselle Cammasse, première danseuse en 1738, et, vers la même époque, Rinaldi et mademoiselle Barbarina. Mademoiselle Constance, première danseuse, débuta, en août 1779, dans l'emploi des *amoureuses;* elle n'y réussit pas.

Actuellement toutes les dames de la Comédie sont plus ou moins musiciennes. Parmi elles se distinguent mademoiselle Tholer, qui a été professeur de piano; mademoiselle Edile-Riquier, qui a remporté un accessit de chant au Conservatoire; mademoiselle Lloyd, qui fait preuve d'une belle voix dans le rôle de *Chérubin,* qu'elle tient aujourd'hui; mesdames Madeleine Brohan et Nathalie chantent également bien; mademoiselle Favart, dont la voix parlée est si pure, ne chante pas; lorsqu'elle jouait *Chérubin,* quelque autre la remplaçait, de la coulisse, pour les couplets du second acte.

MM. Bressant, Coquelin aîné, Got (1), Berton, Prudhon et Garraud

---

(1) Ce remarquable comédien a écrit le livret de *François Villon,* opéra de notre ami Edmond Membrée.

ont de très jolies voix que nous avons tous entendues dans les pièces du répertoire, *le Barbier*, *le Misanthrope*, *les Précieuses*, *le Médecin malgré lui*, *Un Jeune homme qui ne fait rien*, etc., etc. M. Coquelin, en 1869, a joué le rôle de *Moron* de *la Princesse d'Elide*, dans une représentation au Grand-Hôtel. Il y a chanté et surtout dansé d'une façon remarquable avec mademoiselle Beaugrand, dont il a reçu de vifs compliments. MM. Delaunay, Maubant et Talbot ne sauraient émettre une note. Le premier, malgré sa voix d'or, ne peut que débiter la chanson de *Fortunio*.

Notons quelques particularités encore. A la représentation de retraite de Monrose, Duprez chanta la sérénade du *Barbier*; à celle de M. Régnier, la romance de *Chérubin* fut chantée par madame Carvalho : ce fut naturellement l'air de Mozart, que nuance si bien l'éminente cantatrice, qui remplaça, pour la circonstance, l'air de *Malbrough*.

Le premier mari de madame Talma fut un musicien de l'orchestre, Petit.

Mademoiselle Georges (Weymer) était la fille d'un musicien renommé.

Les différents compositeurs ou chefs d'orchestre attachés à la Comédie ont été : Lulli, Charpentier, Lalande, Raisin aîné, Couperin, Quinault aîné, Gilliers, Touvenelle, Grandval, Gauthier, Drouin, Deshayes, — de Mouhy a donné la liste des divertissements refaits ou composés par ce dernier, — Giraud, Baudron, — qui est resté à la Comédie de 1766 à 1823, — Léopold Aimon, Loiseau, Offenbach, Roques et Ancessy, dont la mort, en janvier 1871, provoqua la suppression de l'orchestre.

M. Léon, second chef depuis quinze ans, fut, à partir de cette époque, chargé de la partie musicale au Théâtre-Français. Ce théâtre est revenu à son point de départ : « La sinfonie, » lorsqu'il est nécessaire d'en appeler une, « se tient sur les aisles. »

En 1713, l'Académie de Musique avait obtenu la permission, qu'elle a toujours conservée, de donner des bals publics. Peu de temps après, la Comédie en obtint une pareille. Nous ignorons combien de temps elle en usa : lorsque Blondel écrivait, en 1751, les bals avaient cessé depuis longtemps. Pour ces fêtes, les Comédiens avaient rendu mobile, comme à l'Opéra, le plancher du parterre, qui s'élevait au niveau de la scène au moyen d'un mécanisme dont l'auteur de l'*Architecture* indique les traces sur ses plans.

Quelquefois le Roi permit de donner quelques-uns de ces bals au profit d'un Comédien. C'est ainsi que, en 1723, Grandval bénéficia de huit.

A la suite des représentations *gratis*, lors de la fête du monarque ou de quelque événement heureux, il y avait, avant 1789, des bals sur la scène, où le peuple avait le privilége de danser avec les Comédiens.

Depuis la Révolution, toutes les révolutions et toutes les fêtes dynastiques ont été, à la Comédie comme ailleurs, des prétextes à cantates. La première République laissa d'abord les Théâtres de la Nation et de la République offrir, et le public réclamer, l'exécution des chants patriotiques. Puis, le 18 nivôse an IV, un arrêté du Directoire enjoignit à tous les directeurs des théâtres de Paris de faire jouer, tous les jours, par l'orchestre, avant le lever du rideau, « les airs chéris des républicains, tels que : *la Marseillaise, Ça ira, Veillons au salut de l'Empire* et *le Chant du Départ*, et, dans l'intervalle des deux pièces, de faire toujours chanter l'hymne des Marseillais ou quelque autre chanson patriotique. En 1848, Rachel, on s'en souvient, déclama plusieurs fois *la Marseillaise* sur une sorte de mélopée frémissante.

Paris. — Imprimerie Alcan-Lévy, 61, rue de Lafayette.

www.ingramcontent.com/pod-product-compliance
Lightning Source LLC
LaVergne TN
LVHW022123080426
835511LV00007B/984